EL SOCIALISMO REAL

EL SOCIALISMO REAL

Félix Ovidio Cubías (Hondureño)
Otoño 2016

Número de Control de la Biblioteca del Congreso de EE. UU.:   2016917424
ISBN: Tapa Dura   978-1-5065-1702-5
                   Tapa Blanda   978-1-5065-1701-8
                   Libro Electrónico   978-1-5065-1700-1

Información de la imprenta disponible en la última página.

Fecha de revisión: 13/10/2016

Para realizar pedidos de este libro, contacte con:
Palibrio
1663 Liberty Drive
Suite 200
Bloomington, IN 47403
Gratis desde EE. UU. al 877.407.5847
Gratis desde México al 01.800.288.2243
Gratis desde España al 900.866.949
Desde otro país al +1.812.671.9757
Fax: 01.812.355.1576
ventas@palibrio.com
751503

ÍNDICE

DEDICATORIA

Este libro convertido en una realidad que se llama SOCIALISMO REAL, lo dedico a mi familia y amigos. Doy gracias a la vida por permitirme el privilegio de ofrecerlo a los pueblos del mundo, he allí lo fundamental.

Félix Ovidio Cubías
Hondureño

AGRADECIMIENTO

Para la Periodista Hondureña BRENDA MURPHY, editora del Periódico Jambalaya News Louisiana en la ciudad de Kenner LA, U S A. por su invaluable aportación intelectual.

PRESENTACIÓN

El estudio histórico analítico de la presente obra era necesario e inevitable, para lograr explicar a las nuevas generaciones lo que significó, significa y significará para la humanidad, lo que fue la ex Unión Soviética y el Socialismo Real tan intensamente criticado por sus adversarios ideológicos en todo el mundo. Por ello, considero un privilegio, haber terminado, o plantear a la juventud, los argumentos objetivos de este estudio. Asumí un compromiso, desde hace algún tiempo, para transmitir a los que no conocieron de esta experiencia lo que tuve la oportunidad de conocer de cerca en la práctica y en la teoría.

Este esfuerzo se ha visto consumado gracias a la colaboración de algunos amigos con sus criterios y libros sobre la temática planteada.

Siempre fue mi preocupación escribir sobre el socialismo realmente existente en las 15 repúblicas de la ex URSS y en las derrumbadas democracias populares.

La ciencia política en esta primera década del siglo XXI, enfrenta grandes retos teórico prácticos, que tienen como propósito dar cuenta de las transformaciones manifestadas en el mundo de la política y de la administración pública.

Precisamente por ello, es que en este ensayo aparece la tradición y práctica intelectual, se precisa un objeto de estudio, sin descuidar los válidos préstamos y los códigos que se universalizan en el proceso investigativo de las ciencias. Lo anterior, bajo la garantía de las ramas del conocimiento que están revolucionando los espacios públicos y científicos, a partir también de la plataforma del conocimiento del Estado y del Poder.

Las razones abundan a mi criterio, para sugerir y recomendar este libro, por lo novedoso del enfoque y porque antes solo leían estos temas los que tenían una militancia revolucionaria.

Es la experiencia de un sistema opuesto al capitalismo que demostró al mundo que puede vivir el hombre bajo otros criterios y puntos de vista que no tienen nada que ver con el modo de vida del capitalismo y la burguesía.

Espero, finalmente, que esta contribución histórica intelectual, provoquen estudios adicionales que permitan generar nuevas investigaciones en el amplio panorama social del socialismo real y del poder real del proletariado internacional.

INTRODUCCIÓN

El mundo actual, caracterizado por la globalización en todos los órdenes, así como por los cambios multifacéticos y veloces, tanto en lo económico, como en lo político y sociocultural afectan el conjunto de la sociedad humana planteándose enormes desafíos, tanto en el entendimiento de las causas, efectos y direcciones futuras de dichos cambios, como en la acción transformadora del hombre sobre la realidad compleja que se le presenta.

En ese contexto, dinámico y turbulento se ha asistido a un desarrollo acelerado de la ciencia política y de las distintas sociedades en el llamado primer mundo, en las dos últimas décadas del siglo XX, por cierto, las de transformaciones vertiginosas, en las que no se ha evitado, como en la mayoría de las ciencias de finales de siglo, crisis en su sistema axiológico debido a los cambios efectuados, tanto en el plano de las relaciones interdisciplinarias como aquellos ocurridos con la naturaleza e Historia epistemológica del conocimiento científico.

La ciencia política, en la primera década del siglo XXI, enfrenta grandes retos teóricos, con el propósito de dar cuenta de las transformaciones expresadas en el mundo de la política y de lo político, de lo social y de los espacios públicos de la gestión.

Hoy, a tono con la modernidad, los cientistas se esmeran por negar la teoría de Marx arguyendo que está desfasada, pero ninguno de ellos, ha presentado tan siquiera, un aporte que desmienta las tesis marxistas leninistas.

La teoría del marxismo es justa porque es cierta, continúa teniendo vigencia la teoría de la plusvalía, lucha de clases, el estado y el derecho, el partido político de vanguardia, el materialismo histórico y la ley fundamental de la revolución. Nadie, hasta hoy, ha podido rechazar con argumentos objetivos y serios esta teoría de los procesos revolucionarios.

Han surgido nuevos conceptos como el de sociedad civil y sus relaciones con el estado moderno acorde con la globalización, pero ello, lejos de negar la teoría marxista, la fortalece.

El carácter mundial del mercado, ha adquirido una nueva connotación en relación con las sociedades civiles internas, al penetrar las megacorporaciones en las anteriores estructuras relativamente restringidas del Estado-Nación.

La nueva universalización del mercado capitalista no sólo ha derrumbado las murallas de China, sino que interviene intrínsecamente en sus modos de producir. No se produce para el mercado, sino se interiorizan las formas internas del capitalismo neoliberal en el mercado interno, lo cual implica que la venta de la fuerza de trapajo altamente calificada no responde de forma directa a la sociedad civil de su nación y estado, sino a la sociedad civil internacional, con lo cual el obrero entra en un estadio de globalización desde los centros hegemónicos que hacen perder o disminuir de modo esencial sus formas organizativas, en tanto asalariadas que continúan vinculadas fundamentalmente a sus leyes.

Es interesante el criterio de algunos politólogos cuando expresan que el neoliberalismo, es una doctrina que en nombre del capitalismo del siglo XXI ha pretendido reordenar la economía mundial, pero que en los hechos está sustentado en una verdadera guerra económica de las grandes empresas transnacionales contra la mayoría de la población que son los asalariados, de aní que se esconde en nociones vagas con la de "modernidad", "la eficiencia económica" o la "sociedad tolerante" que no logran ocultar la realidad de los hechos. A nuestro juicio hay que diferenciar lo mundial de lo global, el sistema socialista podía dimensionarse como mundial por sus espacios y población, pero siempre se enmarcó en el sistema global del capitalismo. En cierto modo, la globalización neoliberal hace evidente, los problemas globales que afectan a la mayoría absoluta de la humanidad.

La euforia inicial del neoliberalismo, se debilita no sólo por los ataques de los excluidos y marginados y los que los representan o portan sus ideas, sino por su dogmatismo ante una época particularmente transicional por su doble base económica – principalmente capitales ficticios – y por no asimilar que la cada vez más aguda contradicción, sociedad capitalista del siglo XXI puede romper el equilibrio y la gobernabilidad aún del sistema hegemónico más intolerante y con mayores recursos de todo orden de la historia de las sociedades.

Esta supremacía de la sociedad civil internacional se manifiesta también en la ecuación sociedad civil Estado y minó el Estado Nación y el Estado de bienestar social, al cual desmontó casi por completo, en los países llamados periféricos, reduciendo sus funciones a las mínimas, referidas a la defensa, la seguridad y la justicia, aunque aún en esta última, sus actividades se han constreñido. Desaparecida la competencia con los Estados socialistas, cogió auge la política de eliminar progresivamente todos aquellos asuntos que habían adquirido el valor de interés público para el Estado, que comenzó a asumir la apariencia de la esencia definida por Marx, de aparato coercitivo de la clase dominante, solo que dicho grupo macrosocial se representa ideológicamente, porque se encuentra, en la práctica, reducido a su élite, en ese sentido, Sartre, en la "Crítica de la Razón Dialéctica", tenía un poco de razón.

Después de la caída de la URSS y el muro de Berlín, hemos entrado a una multipolaridad política donde las civilizaciones constituyen el centro del conflicto. De la multipolaridad aludida queda muy poco a excepción de la palabra, pero la interacción, competencia, convivencia y acomodo de las civilizaciones en la era de la globalización unipolar es un fenómeno de interés particular.

Independientemente de las ambigüedades, en la clasificación de las civilizaciones, según algunos autores, se habla de siete: la sínica; la islámica; la hindú; la occidental; la japonesa; la latinoamericana; la africana y por último la ortodoxa, sin que tengamos claro qué relación guardan entre ellas la occidental, la ortodoxa y la latinoamericana, se distingue lo occidental por los rasgos culturales de separación de la autoridad temporal y espiritual, individualismo, pluralismo social, derechos humanos, imperio de la ley y la democracia. Esta civilización está en decadencia y ello impulsa al resto de civilizaciones a rechazar el modelo y buscar formas propias de modernización. Al particularizar las situaciones de conflicto en el rango de toda la sociedad, algunos politólogos afirman que la articulación de estructuras políticas diversas en las civilizaciones es el eje de los conflictos sociales. Dichas estructuras incluyen lo siguiente:

1) Los estados miembros de cada civilización.
2) El estado o los estados centrales de las diversas civilizaciones que sirven de base para la aglutinación y las alianzas.
3) Los países aislados que no pertenecen a ninguna civilización (Etiopía o Haití).
4) Los países escindidos donde están presentes grandes grupos pertenecientes a varias civilizaciones (India, Sri Lanka, Malasia).
5) Los países desgarrados que se encuentran en una civilización pero pretenden ser desplazados por sus líderes hacia otra civilización (Turquía, Rusia, México).

La concepción de esta estructura política conduce a clasificar y prever conflictos típicos y probables que clasificamos como:

1) Conflictos de transición (guerra del Golfo) que marcan fenómenos de transición entre la era bipolar de la guerra fría y la nueva era dominada por el conflicto étnico y las guerras de línea de fractura entre civilizaciones.

2) Las guerras de fractura entre civilizaciones (Yugoslavia, El Cáucaso).

3) La guerra de las civilizaciones (USA, China).

Según mi criterio el error de estas teorías no está en el marcado carácter occidental del enfoque del conflicto, ni en su exageración de las demarcaciones entre las civilizaciones, sino en el desconocimiento de lo histórico como multiplicidad de procesos.

Las guerras del futuro prestan atención al conflicto, al choque de las civilizaciones, las guerras autónomas, espaciales, convencionales e incruentas.

Las visiones que se han aportado desde la ciencia política occidental a fines del siglo XX, han tratado de comprender el conflicto desde una óptica supuestamente civilizatoria, capaz de superar los enfoques clasistas, siendo ellas mismas profundamente clasistas.

Algunos teóricos de la historia política consideran acertadamente que esta ciencia es un proceso dialéctico, criticada, por los adversarios como un vicio moderno del marxismo, toma cuerpo nuevamente, ahora de forma solapada tras una conceptualización "civilizatoria". La dialéctica compleja de la historia, como confluencia de procesos, como devenir de fenómenos convergentes queda todavía en la sombra.

La historia no es un proceso clasista ni tampoco civilizatorio, es el resultado de la confluencia de múltiples procesos simultáneos y variados, donde existen jerarquías, pero éstas no sólo no son inamovibles en sus lugares de poder y dominio, son variables en el sentido de la emergencia implícita. Lo histórico, es el resultado emergente de la confluencia de procesos desordenados y ordenados, donde el orden no está preestablecido. Aquí se reitera el valor heurístico, entre otras, de la idea de Marx sobre la determinación social entendida únicamente como relación de última instancia.

Partiendo de estas teorías de lo histórico, el conflicto social, las guerras y los cambios sociales es que en esta obra trataremos el "Socialismo Real" que abarcó a muchos países y civilizaciones que duró setenta años rodeada de enemigos acérrimos que lo querían destruir, incluso en su cuna, según pensó Winston Churchill.

El Socialismo Real existió en la ex Unión Soviética y las democracias populares y a ese fenómeno hay que referirse con rigurosidad científica y no con ambigüedades o supercherías inventadas por mentes trasnochadas, incapaces de aportar argumentos sólidos en su contra. Nuestra línea de pensamiento es objetiva de acuerdo con los hechos reales.

CAPÍTULO I

¿QUÉ ES EL SOCIALISMO REAL?

Este es un concepto teórico práctico surgido de la lucha compleja del pueblo soviético por construir las bases firmes de la sociedad socialista después de 1917 en que se instauró el poder de los soviets (consejos). Sus teóricos connotados fueron Vladimir Ilich Ulianov, (Lenin), Stalin, Lunacharcky, Sverlov, Nikita Serguiévich Krushev, Mijail Suslov, Boris Ponomariov, Kosiguin, Leonid Briezhniev, quienes, en su época de gobernantes, crearon el socialismo que los obreros y revolucionarios rusos y soviéticos habían deseado.

El socialismo realmente existente, fue una nueva situación para las quince repúblicas que conformaban la ex URSS.

En la práctica, significó la ruptura del yugo del capitalismo y la propiedad privada. La socialización de los fundamentales medios de producción. La construcción de un Estado y un derecho al servicio de la clase obrera y del pueblo. La erradicación de la desigualdad social y la esclavitud de unos contra otros. La igualdad de derechos y deberes plasmados en una constitución. La instauración de la democracia proletaria de diferente de la democracia burguesa en la que vivimos en nuestros países. Planificación centralizada de la economía en la que se determina lo que se produce según las necesidades del mercado. Educación de calidad para todo el pueblo. Un sistema de salud en el que los seres humanos son atendidos sin discriminaciones de ninguna naturaleza con medicinas prácticamente regaladas. Un desarrollo espacial con sputnik enviados a la luna Gagarin y Valentina Tereshkova. La ayuda internacional a cuba y a la mayoría de países del tercer mundo. La colaboración de muchos estados en lo económico, cultural, científico técnico – seguridad absoluta de los ciudadanos en todos los sentidos... la política de coexistencia pacífica que en el aspecto internacional, permitió, con su equilibrio que no se produjera una tercera guerra mundial. Poderío militar, para defender las conquistas logradas por las quince naciones confederadas en la URSS, Y, PARA DEFENDER, PARALELAMENTE, A LOS PAÍSES DE LAS DEMOCRACIAS POPULARES DE Checoslovaquia, Alemania Democrática, Polonia, Hungría, Bulgaria, Rumanía, y Yugoeslavia. El socialismo real son obras construidas a beneficio del pueblo en lo interno y externo, socialismo real es desarrollo económico, político y social de la URSS.

Precisamente por todas estas conquistas que consolidaron una nueva sociedad sólida, fuerte, que se contrapuso al capitalismo mundial, concretó el odio de la mayoría de países capitalistas del continente americano y de Europa.

Los ataques del imperialismo eran públicos y descarados, pero también utilizaron formas silenciosas de quinta columna que setenta años después dieron sus frutos por la traición de altos dirigentes del PCUS como Yeltsin y Gorvachov.

El mejoramiento del nivel de vida de obreros, campesinos y pueblo en general en una sociedad nueva, significó un modelo de vida diferente y atractivo para las personas, y podían, hacer todo tipo de comparaciones con el modo de vida en el capitalismo independientemente de su grado de madurez.

Millones de "mujiks", se incorporaron a la vida productiva del agro y, con trabajo, el gobierno socialista podía satisfacer la subsistencia decorosa, de los campesinos que sin una revolución agraria no tenían el acceso a la tierra para trabajarla y producir la alimentación de la población de las ciudades.

Más que una reforma agraria, los comunistas soviéticos con su pueblo tuvieron que realizar una para cambiar las relaciones de tenencia de la tierra, de propiedad privada de los terratenientes y grandes hacendados, a propiedad social en manos de los campesinos, que organizaron sus cooperativas agrarias (koljoses) convirtiéndose de esa manera, en cooperativistas dueños de la tierra, de los productos cosechados y de su propio mercado, desarrollando, de esa manera, su economía, que favorecía su bienestar y el de su propia comunidad. El socialismo realmente existente se encargó de asistirlos con financiamiento, materia prima, transporte, precios favorables, capacitación y toda la infraestructura necesaria para crear las condiciones de una vida digna y decorosa que jamás antes habían tenido.

Con el socialismo real, se creó la agroindustria necesaria para consolidar la base técnica material para construir la sociedad comunista, la cual había planteado Marx y Engels, en el "Manifiesto Comunista" y en "El Capital", obras célebres de los fundadores del socialismo y comunismo.

Se necesitó, pues, la revolución agraria, que no reforma, para transformar la economía capitalista en socialista con una planificación científica y centralizada. Cambiaron, al mismo tiempo, el modo de vida, costumbres y formas de pensar.

Todos estos cambios en el campo ruso y soviético, desde luego, costó mucho derramamiento de sangre, sacrificios, ataques, luchas armadas con los kulaks (terratenientes), que vendían cara su derrota, y se resistían con "uñas y dientes" a perder sus privilegios, que provenían de la propiedad feudal sobre la tierra. Muchas novelas de insignes escritores rusos, relatan las odiseas armadas organizadas por la contrarrevolución representada por los kulaks, como "El Don Apacible" de Mijail Sholojov, en el que narra las acciones en contra del poder soviético de la reacción interna y externa. En estos cruentos combates murieron valiosos bolcheviques, que construyeron y defendieron con honor el socialismo recién triunfante.

En estos primeros años, después de octubre de 1917, Lenin tomó las medidas extremas del "comunismo de guerra", que en la práctica significaron, "ajustarse el cinturón" y sacrificar económicamente a la población mientras se solucionaba el problema de la producción de trigo, centeno y otras gramíneas y cereales que estaban en déficit con las necesidades alimenticias de la población.

En este sentido, la solución del problema agrario, significó el arranque de la construcción del socialismo en la URSS.

A la par con el desarrollo económico en el agro se hacía lo mismo con la industria en las grandes ciudades. Las grandes fábricas capitalistas pasaron a ser dirigidas por la clase obrera que se vio en la necesidad de aprender capacitándose, para suplir a la burguesía, con la misma o mayor capacidad que ésta en la tarea económica de gerenciar el sector I de la economía nacional. Claro, que para iniciar este proceso tuvo que nacionalizarse la propiedad privada de los empresarios, en otras palabras, socializar las empresas fabriles y convertirlas en poder social de la clase obrera.

Precisamente a las nacionalizaciones, es que le tienen pavor los representantes del capitalismo, porque en la práctica esto significa perder su patrimonio y riquezas, y por ende, su influencia política y su poder económico a través del cual avasallan a las masas populares y a todo un pueblo. Las nacionalizaciones son consustanciales con el socialismo. No puede construirse el socialismo sin nacionalizar todas las posesiones de la burguesía, porque son una necesidad del nuevo régimen para edificar la nueva sociedad, sin explotación y sin apropiarse de la fuerza de trabajo de los obreros.

En sí, el Socialismo Real, fue un sistema de vida superior al capitalismo, por un lado, porque a todos se les dio la oportunidad de tener un trabajo que les permitiera el sustento diario de su familia y por otro, las ventajas creadas por el gobierno socialista de una educación de calidad gratuita, salud con atención médica para cada uno de los ciudadanos. Vivienda para todos, a muy bajo precio. Se hicieron comunes y famosas las construcciones de edificios multifamiliares para que cada quien tuviera techo donde vivir. Se puso en práctica la ley fundamental del socialismo que consistía en la satisfacción de las necesidades del pueblo o lo que es lo mismo que "de cada quien según sus necesidades a cada quien según su trabajo".

El quehacer fundamental del socialismo real era producir eficientemente para que cada miembro de la sociedad pudiera solucionar las necesidades primarias y secundarias de existencia a la par de cumplir con las necesidades espirituales, culturales, recreativas, artísticas y, a la par, la formación de una conciencia socialista, suficiente como para no desear nada del capitalismo como sus modos de vestir y la ostentación de lujo para alimentar la vanidad.

Si bien es cierto, allá por los años sesenta, los jóvenes se emocionaban con poseer su pantalón de mezclilla (jeans), y el socialismo soviético todavía no los producía, eso no significaba un atraso en la confección de ropa, sino que se dedicaba más atención a otros problemas de la economía que se consideraban de primer orden, para seguidamente, resolver los de segundo y tercer orden. Claro, que la juventud no entendía en esa época, qué significaba lo puntual para el socialismo.

El imperialismo mundial se aprovechó de los gustos de los jóvenes soviéticos para desatar una campaña destinada a pensar que el socialismo es o era atrasado pues no producía la ropa de moda de los jóvenes que vivían en el capitalismo.

Un "Blue Jeans", no tiene la importancia que le adjudicaban en el capitalismo, como para negar los grandes avances científicos, técnicos de los soviéticos en todas las áreas del conocimiento humano. Mientras tanto, los soviéticos tenían su atención puesta en asegurar la producción de alimentos, desarrollar las naves de los vuelos espaciales, desarrollar armamento igual o mejor que los Estados Unidos, porque un descuido o retraso significaba un peligro para la seguridad del Estado Soviético.

Eran demasiadas tareas planteadas que debían realizarse o hacerse paralelamente. Aun así, y como única experiencia en el mundo, el socialismo real pudo salir victorioso de los desafíos que tenía enfrente.

CAPÍTULO II

FUNDAMENTOS TEÓRICOS DEL SOCIALISMO

De acuerdo con los fundadores de la teoría marxista leninista, Marx, Engels y Lenin, el socialismo es la primera etapa de la formación económico social comunista. Bases de esta formación es la propiedad social de los medios de producción. Entre las personas se establecen soluciones de colaboración camaraderil y ayuda mutua. El trabajo se convierte en un trabajo libre de explotación, es decir en un trabajo para uno mismo. El desarrollo espontáneo, desigual da el paso, a un desarrollo regulado, planificado. Apoyándose en las leyes objetivas los hombres utilizan estas leyes de modo consiente en interés de la sociedad. Estos son los rasgos generales del socialismo y el comunismo. Desde luego, entre ambos existen diferencias, que se van superando en el proceso de edificación del comunismo. Las diferencias tienen sus raíces en el grado de madurez económica de la sociedad, están determinadas, a fin de cuentas, por el nivel de desarrollo de las fuerzas productivas. Lenin, escribía, que "el socialismo es una sociedad que se desarrolla directamente a partir del capitalismo, es una primera fase de la nueva sociedad. El comunismo por el contrario, es una etapa más elevada de la sociedad, y sólo puede desarrollarse cuando el socialismo se ha afirmado plenamente.

Bajo el socialismo no se ha constituido todavía la propiedad única de todo el pueblo, sobre los medios de producción, en todas las ramas de la economía; aquí la propiedad social existe en 2 formas: la estatal (de todo el pueblo) y la cooperativa koljosiana.

Es sobre esta base que se conservan las diferencias entre las dos clases amigas: la clase obrera y los campesinos koljosianos. Y dado que no ha sido lograda la unidad entre la actividad física e intelectual se sigue manteniendo la capa de quienes se dedican a la labor intelectual: los intelectuales.

En el socialismo el nivel de desarrollo de las fuerzas productivas es aún insuficiente como para lograr la abundancia de bienes materiales y el trabajo aún no se ha convertido en una necesidad vital para todos los hombres, de ahí que rija el principio de distribución "de cada uno según sus capacidades; a cada quien, según su trabajo".

Tal circunstancia exige un riguroso control de la medida del trabajo y de la medida del consumo, la cual es una de las funciones del Estado Socialista.

El Estado, encabezado por el partido comunista dirige toda la vida económica y cultural de la sociedad socialista.

A diferencia del comunismo, en la sociedad socialista los productos son elaborados como mercancías y se hayan sujetos al intercambio a través de la compra venta. Tal es la razón de que en el socialismo se utilicen para desarrollar la economía palancas tales como el precio, la ganancia y el crédito.

Bajo el socialismo domina la ideología socialista en la conciencia de los hombres, pero sigue subsistiendo la necesidad de luchar contra los puntos de vista y los hábitos de las personas ajenos al socialismo, contra las distintas recidivas del capitalismo.

El comunismo constituye la etapas superior en el desarrollo de la sociedad, una etapa en que las fuerzas productivas crecerán en forma nunca vista y se alcanzará el nivel más alto en la vida de los hombres y se realizará el principio "de cada uno según sus capacidades, a cada quien según sus necesidades".

En el comunismo, el trabajo dejará de ser una obligación y se convertirá en una necesidad vital para todos los miembros de la sociedad, en fuente del más grande placer. Como consecuencia de que desaparecerán las diferencias de clase, en una etapa dada del comunismo, se extinguirán por completo el Estado, las instituciones jurídicas y la ideología política y jurídica, se afirmará la autogestión social comunista, de la que participarán todos los miembros de la sociedad, y las normas de la moral comunista se convertirán en una exigencia interna y costumbre para todos los hombres.

Bajo el comunismo se darán todas las condiciones para el multilateral desenvolvimiento de las capacidades humanas, para que los hombres alcancen el más alto grado de belleza espiritual y de perfeccionamiento físico.

La edificación de la sociedad comunista es un proceso gradual sujeto a leyes en el transcurso del cual tiene lugar, no el quebrantamiento de los principios del socialismo, sino su desarrollo ulterior, su perfeccionamiento. En este proceso son resueltas tres tareas indisolublemente vinculadas entre sí: la creación de la base técnico material del comunismo, el establecimiento de relaciones sociales comunistas y la formación del hombre nuevo.

El socialismo es un salto cualitativo en el desarrollo de la sociedad, cuyo resultado es el paso del capitalismo a la formación económica del socialismo.

La revolución socialista responde a leyes y es históricamente inevitable. Su base objetiva la constituye el desarrollo del conflicto entre las fuerzas productivas, que bajo el capitalismo adquieren carácter social y exigen el control por parte de toda la sociedad y las relaciones capitalistas de producción basadas en la propiedad privada.

Este conflicto engendra todas las contradicciones sociales que desgarran a la sociedad capitalista, contradicciones que sólo pueden ser resueltas por vía revolucionaria.

La revolución socialista es una consecuencia necesaria de la lucha del proletariado y sus aliados contra la burguesía, es decir, los portadores de las relaciones de producción capitalistas de producción. Ahora bien, a diferencia de la revolución burguesa, que se corona con la conquista del poder por cuanto la producción capitalista se forma en las entrañas del viejo régimen, la revolución socialista se inicia con la conquista del poder político por el proletariado en alianza con otras capas trabajadoras.

La instauración de la dictadura del proletariado es condición necesaria de las transformaciones socialista. La edificación de la nueva sociedad se realiza en el transcurso de un período más o menos largo, el cual constituye el período de transición del capitalismo al socialismo.

En el período de transición se resuelven tareas tales de la revolución socialista como la supresión de la propiedad capitalista y de las clases explotadoras, el establecimiento de la propiedad socialista sobre los medios de producción, la transformación socialista de la agricultura, la revolución cultural, la liquidación del yugo nacional, la planificación del desarrollo de la economía con vistas a la elevación del bienestar de los trabajadores y la defensa del país de los ataques de los agresivos estados capitalistas. Condiciones de la realización con éxito de la revolución socialista son: la dirección de la clase obrera y de su partido marxista leninista, la dictadura del proletariado, la alianza del proletariado con la masa fundamental de los campesinos y otras capas trabajadoras, la alianza de la clase obrera del país con la clase obrera de los demás países, es decir, el internacionalismo proletario.

Las tareas enumeradas de la revolución socialista y las condiciones de su realización constituyen las leyes generales de la revolución socialista, obligatorias para cualquier país.

Estas diferencias vienen determinadas por el nivel de desarrollo económico, las peculiaridades nacionales, la correlación de las fuerzas de clase, la agudeza de las contradicciones en el interior del país y en la palestra internacional. De tal suerte, de la fuerza de la clase obrera y sus aliados, del grado de resistencia de los reaccionarios depende el modo en que ha de ser conquistado el poder (pacifico o no pacífico), así como la forma de la dictadura del proletariado. En nuestra época el sistema mundial del capitalismo ha madurado en conjunto para el socialismo. Sin embargo, en la etapa del imperialismo el desarrollo del capitalismo y las contradicciones que le son inherentes en los distintos países, transcurre, como señalaba Lenin, de manera extraordinariamente desigual.

Esta es la razón de que la revolución socialista se realice en tiempo distinto en los diferentes países y ante todo en el eslabón más débil de la cadena imperialista, donde se forma, una situación revolucionaria, donde han madurado las fuerzas de clase capaces de realizarla. Estas circunstancias explican que la revolución socialista haya triunfado primero en Rusia, que no era uno de los países capitalistas desarrollados, y han confirmado, asimismo, el desarrollo posterior de la revolución socialista en Europa, Asia y América (Cuba).

La Gran Revolución socialista de octubre inauguró la época del tránsito de la humanidad del capitalismo al socialismo. El sistema socialista mundial, formado después de la Segunda Guerra Mundial y que se desarrolló con éxito, durante más de 75 años, se convirtió en la fuerza revolucionaria rectora de la contemporaneidad, el escudo de todo el movimiento antimperialista.

Aún, cuando la lucha por el socialismo en cada uno de los países se desplegó sobre la base de las condiciones sociales internas, los éxitos del socialismo en el campo internacional repercutieron así mismo en las posiciones políticas de las clases dentro de cada país, sobre los ritmos y formas de desarrollo de la revolución socialista.

Esta revolución introduce transformaciones profundísimas en la vida de la humanidad, desconocidas para las revoluciones de épocas anteriores pone fin por primera vez en la historia, a la explotación del hombre por el hombre y abre amplio cauce al libre desarrollo de todos los trabajadores.

La revolución socialista es realizada por masas de millones de hombres en interés de la inmensa mayoría de la humanidad. Después de triunfar la revolución bolchevique en la ex URSS, se fue constituyendo el sistema mundial del socialismo que era la comunidad de pueblos libres e iguales en derechos que marchaban por el camino del socialismo y el comunismo.

El sistema mundial del socialismo se formó como resultado de la victoria de las revoluciones socialistas en una serie de países de Europa, Asia y más tarde en América.

La comunidad de países socialistas tuvo por base las leyes objetivas del desarrollo social, emana tanto de las exigencias internas de estos países, cuanto de las condiciones internacionales.

Los países socialistas forman un sistema unido debido a que en estos Estados el poder perteneció al pueblo, encabezado por la clase obrera; a que imperaba en ellos la propiedad social sobre los medios de producción liquidada la explotación de los trabajadores, y triunfó la ideología socialista: el Marxismo leninismo.

El pueblo estaba interesado en defender estas conquistas de los ataques y atentados del imperialismo y tenían el objetivo común de construir la sociedad comunista.

La comunidad socioeconómica y política de los países socialistas crea la base objetiva para que se establezca entre ellos relaciones completamente nuevas por su carácter, los cuales se rigen por los principios del internacionalismo socialista.

Estos principios son la plena igualdad de derechos entre los países, el respeto a su soberanía, la estrecha solidaridad y ayuda mutua fraternal en todas las esferas: en la política (amistad y confianza en las relaciones entre los Estados y los partidos y línea común con relación al imperialismo); en la economía (coordinación de los planes de la economía nacional, especialización y cooperación en la producción y el comercio, la concesión de préstamos, y ayuda técnica recíproca, etc.); en la vida espiritual (enriquecimiento recíproco de las culturas nacionales y colaboración en la causa de la educación del mismo hombre).

La comunidad de los países socialistas no implica la desaparición automática de las contradicciones que surgen de las diferencias existentes entre países desde el punto de vista del nivel de su desarrollo económico y de la madurez de las relaciones sociales, etc. El nuevo tipo de relaciones entre los países se afirma en la lucha contra las manifestaciones de revisionismo y nacionalismo de distinto género.

El fortalecimiento de la cohesión de los países socialistas no sólo tiene inmensa importancia para el desarrollo de estos mismos países, sino que crea asimismo una situación más favorable para la lucha de la clase obrera en los países capitalistas, para los avances de los países que combaten por su liberación nacional y los que consolidan su independencia.

Otra cuestión teórica del socialismo que debo explicar es la referente al trabajo. El trabajo, según Marx "es un proceso en el que el hombre realiza, regula, y controla mediante su propia acción su intercambio de materias con la naturaleza". El trabajo orientado a un fin, influye sobre los objetos de la naturaleza y los transforma. Los momentos más simples del trabajo son: la actividad encaminada a un fin, o el trabajo mismo, el objeto de trabajo, o los objetos hacia los que se dirige la actividad humana, y los medios de trabajo, es decir principalmente los instrumentos con la ayuda de los cuales se realiza el trabajo.

Bajo el socialismo el trabajo continúa siendo principalmente un medio de vida tanto en lo que se refiere a la sociedad como en lo que hace cada individuo. De ahí que se realice teniendo a la vista una recompensa (estimulo material y moral).

Incluso en estas condiciones en el proceso de la actividad laboral se van formando y manifestando las fuerzas creadoras del hombre; sin embargo, tal cosa no se convirtió en el fin principal de la producción. *El trabajo comunista es una actividad tal que se orienta directamente a manifestar las capacidades humanas con fines de creación; el desarrollo de todas las fuerzas y posibilidades humanas viene a ser el fin del trabajo comunista, mientras que la creación de bienes materiales y espirituales es sólo el medio para que se realice este fin principal.*

El trabajo no es ya algo dictado por el imperio de la necesidad, por la utilidad externa, sino que se convierte en el contenido de la vida humana, al transformarse en un trabajo valioso por su naturaleza, la actividad del hombre no trae consigo su división o fraccionamiento ni su desarrollo unilateral, sino que supone el libre desenvolvimiento de sus capacidades espirituales y físicas.

El trabajo comunista presupone una elevada responsabilidad social por parte del individuo, y autodisciplina, es decir, organización, la cual emana orgánicamente de los intereses, necesidades e inclinaciones humanas.

Tal trabajo – Marx lo llamaba autónomo, se convierte en la primera exigencia del hombre de la sociedad comunista, en fuente de suprema alegría y deleite.

Premisa objetiva para la transformación del trabajo de medio de vida en exigencia de primer orden es la modificación de las condiciones técnico materiales y sociales del trabajo, modificación que ha de conducir a una elevación gigantesca de la productividad y *al cambio de la situación del hombre en el sistema de producción.*

Entre tales condiciones hay que considerar: la aplicación multifacética de las más altas realizaciones de la técnica moderna en todas las ramas de la producción; la organización de todos los procesos productivos sobre una base científica; la superación de las diferencias existentes entre el trabajo intelectual y el físico; el aumento de aquello parte del día que el obrero puede consagrar a la ampliación de su horizonte científico, técnico y cultural; la garantización de una elevada actividad social y política por cada ciudadano.

Es necesario decir, que estas condiciones objetivas solo pueden ser creadas como resultado de un trabajo en que se van formando y desarrollando los elementos y rasgos del trabajo comunista.

Lenin llamaba a estudiar con atención y cultivar los gérmenes del trabajo comunista en la actividad de los trabajadores. Los sábados comunistas, el trabajo de choque, el movimiento stajanovista, el movimiento de los innovadores de la producción y el movimiento por un trabajo comunista, tales son las etapas principales de la emulación socialista, del desarrollo del entusiasmo laboral de las masas en el transcurso de la edificación del socialismo y el comunismo.

Etapas que comprenden y desarrollan rasgos tales del trabajo comunista como la preocupación por el bien social, por el incremento de la productividad del trabajo y la conducción racional de la economía; la colaboración camaraderil y la ayuda mutua, una elevada disciplina y organización, una actitud hacia el trabajo que lo considera como el primer deber social, como causa de elevado honor cívico.

En las condiciones del socialismo y de la edificación del comunismo importante instrumento para formar los elementos del trabajo comunista es el sistema de estímulos materiales y morales del trabajo y de sus resultados.

Parte esencial de los fundamentos teóricos del socialismo es la concepción de lo que se llama Comunismo Científico. Expresión teórica del Movimiento Comunista Mundial, ciencia de las leyes del movimiento de la sociedad humana hacia el comunismo.

El comunismo científico apareció como teoría acerca de la futura sociedad sin clases, de los caminos y métodos de su construcción.

Constituye una parte integrante del marxismo leninismo y se apoya en las conclusiones de las otras partes componentes de esta ciencia: la filosofía (Materialismo Dialéctico e Histórico) y la Economía Política, siendo su continuación y concreción.

A la vez, el comunismo científico se basa en los datos proporcionados por las demás ciencias sociales. Apoyándose en estas ciencias, generaliza la experiencia de la lucha revolucionaria de los trabajadores, la experiencia, las perspectivas del desarrollo del movimiento comunista. Mientras las ciencias históricas proporcionan conocimientos acerca del pasado de tal o cual fenómeno social, el comunismo científico examina tanto el pasado como el futuro, está llamado a prever científicamente el desarrollo de la sociedad, a establecer las tendencias de su evolución y, sobre esa base, a elaborar métodos más adecuados para la dirección revolucionaria y la edificación de la nueva sociedad por parte del partido de la clase obrera.

El comunismo científico estudia, no la historia del movimiento revolucionario mundial, sino, tomando en cuenta desde luego esa historia, los problemas actuales, las perspectivas de su desenvolvimiento en conjunto y en cada país tomando por separado.

El comunismo científico puede ser dividido en tres secciones fundamentales: 1) La teoría acerca de las leyes de la transición del capitalismo al socialismo y de las vías y métodos que han de utilizarse para que los trabajadores de los países capitalistas arriban al poder. 2) La teoría acerca de las leyes del advenimiento y desarrollo de la primera fase del comunismo: el socialismo. 3) La teoría acerca de las leyes de la edificación del comunismo.

En la URSS, tuvieron primerísima importancia los problemas de la edificación de la sociedad comunista.

El movimiento comunista no es simplemente una corriente política, sino que comprende también, como su propio fundamento, el progreso económico y científico técnico de la sociedad. Para estar en condiciones de elaborar los métodos más efectivos de dirección del proceso de calificación de la nueva sociedad, es necesario conocer su primer término, las leyes económicas que rigen el desarrollo de la sociedad.

Característica en el comunismo científico, a diferencia de la economía política es el modo complejo de abordar el estudio de los problemas sociales. Está llamado a estudiar no las leyes y procesos económicos por sí mismos, sino en su interacción con otras leyes sociales.

Así, a la par de descubrir las leyes de la edificación comunista, pone en el centro de la investigación procesos económico sociales, tales como el de la supresión de las diferencias entre la ciudad y el campo, entre el trabajo físico e intelectual, la modificación del carácter y contenido de este trabajo, la transformación de la estructura social de la sociedad, la formación de las capacidades del constructor del comunismo, la conversión del tiempo libre en criterio de la riqueza social, etc.

Sí, por ejemplo, a la economía política interesa el problema de elevar la productividad del trabajo, desde el punto de vista de la búsqueda de reservas productivas, al comunismo científico interesa esta cuestión desde el ángulo de poner al descubierto firmes reservas sociales; mostrar, en particular, que influencia pueden tener para la elevación de la productividad del trabajo, la labor educativa ideológica, el sistema de instrucción, el nivel de preparación de los cuadros, la correcta organización de éstos, el desarrollo de las investigaciones científicas, etc.

El trabajo es una categoría de la Economía Política si se le considera como criterio para determinar el valor de los bienes materiales; más será una categoría del comunismo científico si se le aborda desde un plano económico de su carácter en el proceso de la edificación comunista, bajo la influencia de todo un conjunto de diferentes causas.

La tarea del comunismo científico consiste, por tanto, en ofrecer recomendaciones que permitan dirigir conscientemente el proceso de formación del carácter comunista del trabajo.

Sean cuales sean los procesos económicos – sociales, el comunismo científico los examina bajo un solo punto de vista: desde el ángulo de elaborar métodos más efectivos de dirección en la edificación de la nueva sociedad. Bajo este criterio el comunismo científico es la ciencia de la dirección de la sociedad.

Como ninguna otra ciencia social, el comunismo científico está llamado a influir directamente sobre la práctica de la edificación socialista y comunista. El movimiento comunista, la transformación de la sociedad capitalista en comunista, son objeto de una intensa lucha ideológica.

En los países del capitalismo adquiere una difusión cada vez más amplia el anticomunismo. Por consiguiente una de las tareas más importantes del comunismo científico consiste en desenmascarar y someter a una crítica argumentada todas las teorías anticomunistas burguesas, así como las ideas de los reformistas modernos y el revisionismo de derecha e izquierda.

Otro concepto teórico del socialismo real es el que se refiere a la Educación Comunista. Es la formación adecuada de los hombres y mujeres, armónica y multilateralmente desarrollados de la sociedad comunista. A la par con la creación de la base técnico material y de relaciones comunistas, la educación comunista es una de las tareas más importantes de la edificación del comunismo, ya que éste se distingue radicalmente del capitalismo no sólo por contar con una organización más elevada en cuanto a la vida económica y las relaciones sociales, sino también por la riqueza espiritual de sus miembros.

Base objetiva y condición ineludible de la educación del nuevo hombre la constituye la modificación de las condiciones en que se desenvuelve la vida social y la activa participación de los hombres en la transformación revolucionaria del mundo. La nueva conciencia de los ciudadanos, sus puntos de vista, modo de pensar y conducta se van formando no tanto bajo la influencia de la realidad que los circunda, cuanto en el proceso de su activa acción práctica sobre la propia realidad. Lenin hacía hincapié a propósito de esto, en la necesidad de vincular cada paso en la instrucción y educación de los trabajadores, con la participación de éstos en la práctica de la edificación del socialismo y el comunismo. El trabajo creó al hombre y seguirá siendo en lo sucesivo la base para educar, para formar las capacidades y el talento de los hombres.

En el trabajo se elaboran, asimismo, las formas de organización de la actividad social, se manifiesta la actitud del hombre hacia la colectividad, hacia la sociedad, y su autoconciencia, como personalidad, su lugar en la vida. De ahí que el trabajo constituye la base de la educación comunista en el socialismo. Más la educación comunista no puede basarse sólo en las condiciones objetivas y la actividad práctica de los trabajadores; se requiere, además, realizar una labor ideológica sistemática que utilice todos los medios de influencia ideológica sobre la conciencia de los hombres (sistema de instrucción y educación, literatura, arte, prensa, radio, televisión, etc.).

En la sociedad socialista, esta labor es realizada bajo la dirección del Partido comunista. La ideología del Marxismo Leninismo, es la base ideológica de la educación comunista, cuya orientación concreta viene determinada por las condiciones históricas existentes en cada etapa dada de la edificación socialista y comunista.

La más importante entre las tareas de la educación comunista ha sido y sigue siendo la de formar una actitud comunista hacia el trabajo, considerada como deber social primordial, así como una disciplina consciente y espiritual de organización en el trabajo.

Aspecto, también importante de la educación comunista, es superar los vestigios del pasado en la conciencia de los hombres y librar la lucha contra la influencia de la ideología burguesa. En el período de la construcción comunista se alza en toda su talla la tarea de educar al hombre desarrollado armónica y multifacéticamente que conjugue en sí la riqueza espiritual, la pureza moral y el perfeccionamiento físico.

Esto determina la orientación concreta de la labor educativa: 1) Formar la concepción científica marxista leninista sobre la base de asimilar todos los avances de la humanidad en el terreno de la ciencia, la técnica y la cultura; 2) Asegurar que cada miembro de la sociedad asimile los principios de la moral comunista y los convierta en norma de conducta habituales; 3) educar el gusto artístico, y 4) lograr el perfeccionamiento físico del hombre.

Concretamente, es necesario el desarrollo multilateral de la personalidad, en otras palabras es el desarrollo armónico del hombre, el perfeccionamiento de su capacidades y cualidades, donde existe la explotación, el desarrollo multilateral de la personalidad sólo es posible en una pequeña minoría, no afecta a los hombres de trabajo. En las condiciones de la división capitalista del trabajo, el trabajador se convierte en un obrero parcial, que cumple una función determinada en la producción, cuya realización no requiere el despliegue de grandes capacidades.

La producción industrial moderna, necesita, dado su alto nivel técnico, de trabajadores multilateralmente capacitados. Sin embargo, para que pueda manifestarse el libre desenvolvimiento de los trabajadores deben crearse condiciones sociales, tales como la ausencia de explotación y de discriminación por razones de sexo, de procedencia social, la igualdad entre todos los miembros de la sociedad.

Sólo en el socialismo, en el proceso de edificación de la sociedad comunista, se dan las condiciones y premisas para el desarrollo multilateral del individuo. Una de estas premisas fundamentales consiste en la creación de la base técnico material del comunismo, la formación de relaciones sociales comunistas, el aumento del tiempo libre, el ascenso del nivel técnico cultural, la liquidación de las diferencias sustanciales entre la ciudad y el campo y entre el trabajo práctico e intelectual.

En la sociedad comunista se realiza el desarrollo multilateral de la personalidad sobre la base de solucionar dos problemas: la conjugación armónica de los intereses sociales y personales y la conversión del trabajo en la primera necesidad de la vida. La conversión del trabajo en una necesidad vital elimina la división del tiempo, en tiempo libre y laboral.

El trabajo se convertirá para todos los hombres en un trabajo creador en algo que coadyuvará al desenvolvimiento de la personalidad. Bajo el comunismo, desaparecerá para siempre la supeditación a cualquier tipo de actividad laboral, el hombre podrá elegir de acuerdo con sus deseos el tipo y la forma de su ocupación. Tal cosa no significará, naturalmente, que quedará suprimida la especialización del trabajo, que el hombre no tendrá preferencia por una actividad determinada en la que su talento se ponga plenamente de relieve.

Otro concepto teórico que debemos aclarar en el socialismo real es el de "base técnico material de la sociedad" que es el basamento tecnológico productivo de una u otra formación económica social. La caracterizan determinados medios de producción (en primer término los instrumentos de trabajo), los procedimientos tecnológicos que unen a los hombres con la técnica (modo de producción) y el nivel de organización del trabajo. Para que pueda afirmarse determinadas relaciones de producción entre los hombres para que se instaure uno u otro régimen social se requiere la correspondiente base técnico material. Así, las relaciones capitalistas se convirtieron en dominantes únicamente cuando apareció la gran producción mecanizada, en la que al principio de sometimiento del hombre al capital correspondió el de supeditación del obrero a la máquina, de la transformación de éste en apéndice de la máquina. Pese a que el capitalismo crea las premisas materiales de la sociedad socialista, hay que crear, sin embargo, la base técnico material del socialismo, a fin de que llegue a tener vigencia al principio "de cada quien según su capacidad, a cada quien según su trabajo". Tal cosa significa desarrollar una gran industria maquinizada capaz de reorganizar todas las formas de la economía y asegurar una mejor distribución de las fuerzas productivas; liquidar el atraso de algunas regiones heredado del capitalismo. La propiedad social de la producción permite asegurar el incremento planificado de la economía, liquidar la desocupación y crear nuevos estímulos para el trabajo jamás visto antes.

La base técnico material del socialismo se va convirtiendo gradualmente en la base técnico material del comunismo. Para la creación de tal base es necesario la completa electrificación del país, la mecanización compleja y una automatización de los procesos productivos cada vez más completa; la amplia aplicación de la química a la economía nacional; la utilización multilateral y racional de los recursos naturales, materiales y de trabajo; la vinculación orgánica de la ciencia a la producción y altos ritmos de progreso técnico científico; un elevado nivel cultural y técnico de los trabajadores.

Sobre esta base se crean las condiciones para lograr la abundancia de los bienes materiales y espirituales para formar las relaciones sociales comunistas y conseguir el desarrollo múltiple de los hombres.

En el socialismo real se teorizaba alrededor del concepto de "Dictadura del Proletariado" que fue muy atacado por el imperialismo.

La "Dictadura del Proletariado" es el poder de la clase obrera que es utilizado por ésta para edificar el socialismo. La "Dictadura del Proletariado" es instaurada como resultado de la revolución socialista y constituye la prolongación, con sujeción a leyes, de la aguda lucha de clases contra los explotadores que han sido eliminados del poder.

Rasgo necesario de la Dictadura del Proletariado es el aplastamiento por la violencia de los intentos que realizan las clases explotadoras para oponerse a todos los actos que se orientan a construir el socialismo. La violencia no agota, sin embargo, el contenido de la dictadura del proletariado, no es lo principal en ésta.

Dado que las relaciones sociales socialistas no pueden surgir en la sociedad capitalista la tarea principal de la dictadura del proletariado es constructiva, y consiste en edificar el socialismo, liquidar la división de la sociedad en clases opresoras y oprimidas y crear condiciones que excluyan la posibilidad de la explotación del hombre por el hombre. Esta tarea, no puede ser resuelta por el proletariado solo, sin aliados. La dictadura del proletariado "sólo puede ser realizada con éxito con la creación histórica independiente de la mayoría de la población, ante todo de la mayoría de los trabajadores" (Lenin). De ahí que la clase obrera utilice su poder para fortalecer y ampliar por todos los medios la alianza con las masas trabajadoras, alianza que constituye el principio su supremo de la dictadura del proletariado.

En las formaciones antagónicas el poder estatal representa la dictadura de la minoría explotadora sobre la inmensa mayoría de la población explotada. Carácter completamente distinto tiene la dictadura del proletariado, la cual sólo dirige su filo contra el insignificante puñado de los explotadores. Concede amplios derechos democráticos a las masas trabajadoras, desconocidos en la sociedad capitalista, y representa, con relación a la mayoría de la población, la dirección por parte de la clase obrera.

El papel dirigente del proletariado no es impuesto a los trabajadores, sino que se obtiene mediante la aplicación de una política que expresa correctamente sus intereses cardinales. El poder de la clase obrera se ejerce a través del sistema del aparato estatal y de las organizaciones sociales (partidos políticos de los trabajadores, sindicatos, cooperativas, organizaciones juveniles, etc.). El papel dirigente en el sistema de la dictadura del proletariado pertenece al partido marxista leninista de la clase obrera, el cual organiza y orienta toda la actividad de la sociedad hacia un objetivo único: la edificación del socialismo. Importantísimo lugar en el sistema de la dictadura del proletariado pertenece al Estado, el cual es tomado en sus manos por la clase obrera al ser destruida la vieja máquina estatal al servicio de los explotadores.

El Estado realiza la dirección de toda la vida económica, social y cultural del país, organiza la defensa de las conquistas del socialismo contra las intentonas de la contra revolución y del imperialismo mundial. A diferencia de las organizaciones sociales, el Estado recurre a la violencia en caso de necesidad.

En dependencia de las condiciones históricas concretas pueden manifestarse distintas formas de dictadura del proletariado. Así las masas trabajadoras de Rusia crearon los soviets en el curso de su lucha revolucionaria como forma de la dictadura del proletariado. Y en una serie de países que entraron al camino del socialismo después de la segunda guerra mundial, la dictadura del proletariado adopta la forma de democracia popular.

Una de las diferencias radicales de ésta con respecto al poder soviético la constituye el mantenimiento de un sistema pluralista en el que el partido marxista leninista tiene el papel dirigente.

En el futuro, nuevas condiciones históricas engendrarán nuevas formas de manifestarse el poder de la clase obrera.

La liquidación de las clases explotadoras, la victoria completa y definitiva del socialismo, la creación de la unidad política, social e ideológica del pueblo, crean condiciones para la transformación gradual de la Dictadura del Proletariado en estado de todo el pueblo.

Tal Estado lleva adelante la causa de la Dictadura del Proletariado, expresa los intereses y la voluntad de todo el pueblo y es el instrumento de la edificación del comunismo.

En la sociedad que construye el comunismo el papel dirigente sigue estando en manos de la clase obrera. Que construye el comunismo el papel dirigente sigue estando en manos de la clase obrera. Sin embargo, tomando en consideración que han sido liquidados plenamente los restos de las clases explotadoras. No existe ya necesidad de continuar y aplicando la violencia clasista en el interior del país. Al contar con el apoyo de todos los trabajadores el Estado de todo el pueblo no renuncia al mismo tiempo, de aplicar la corrección contra quienes violan las leyes y normas de la sociedad socialista.

Nos detendremos en otro concepto teórico para entender su fundamento en el socialismo. Nos referimos al Estado que es un instrumento fundamental del poder político en la sociedad dividida en clases.

El Estado surgió como organización de la clase económicamente dominante. En los albores de la humanidad, durante el régimen comunal primitivo, los hombres vivían y trabajaban colectivamente. En la sociedad no existían clases sociales, todos los problemas eran resueltos, entonces, por aquellos hombres a quienes se les daba esa encomienda.

Las personas designadas para dirigir las funciones sociales (dirigentes de una u otra labor (ancianos, jefes militares), gozaban de inmensa autoridad, más no disponían de recursos materiales, ni de ninguna fuerza para imponer su voluntad a los demás hombres. En caso de que surgiera cualquier amenaza contra la gens o la tribu todos los hombres capaces de empuñar las armas se alzaban en su defensa. Pero cuando aparecen la propiedad privada y las clases ya no fue posible mantener esa organización armada de todo el pueblo, debido a que los intereses de las clases dejaron de ser comunes y entraron en conflicto.

La clase dominante debía apoyarse ya no en la fuerza de la autoridad, sino en la autoridad de la fuerza. He aquí por qué con la aparición de las clases surge también el Estado como un aparato especial, para mantener el orden social, desde luego, de acuerdo a la voluntad y el deseo de los "fuertes de este mundo", las clases explotadoras.

Este aparato está integrado por destacamentos de hombres armados: el ejército, la policía, etc. Los cuales tienen a su disposición aditamentos materiales como cárceles y otras instituciones.

Los recursos indispensables para sostener el aparato del Estado son recibidos en forma de impuestos y para cuya recolección se emplea todo un ejército de funcionarios.

Rasgo característico del Estado en comparación con la antigua organización gentilicia de la sociedad es también el que agrupa a los hombres de acuerdo al principio territorial y no según el parentesco consanguíneo.

La historia conoce varios tipos de Estado explotador: esclavista, feudal y burgués.

También son distintas las formas de gobierno en dependencia de la correlación existente entre las clases en uno u otro país y del carácter de la lucha clasista (república burguesa, monarquía constitucional, etc.)- sin embargo, no puede ser más que una, la esencia de cada tipo de Estado: la dictadura de la clase que domina económicamente.

Resultado final de la revolución socialista es la instauración de una sociedad sin clases y sin Estado.

Para alcanzar este objetivo se hace necesario suprimir el Estado Burgués que apuntala el sistema capitalista e instaurar la Dictadura del Proletariado.

El Estado proletario se diferencia radicalmente de todos los estados anteriormente existentes por su naturaleza, tareas y objetivos.

Se trata de un Estado de nuevo tipo, de un Estado que no se halla divorciado del pueblo, no está en contradicción con sus intereses y no está llamado a mantenerlo sujeto. De ahí que Engels escribiera que el Estado Proletario no es ya un Estado en el sentido estricto del término.

Con el triunfo del socialismo y el paso de la sociedad a la edificación del comunismo el Estado deja de ser la dictadura de una sola clase y se convierte en un instrumento de todo el pueblo, de toda la sociedad, en un Estado de todo el pueblo.

Cuando triunfe el comunismo en la tierra; en todo el mundo, el Estado dejará de existir y se firmará en el globo terráqueo la autogestión social comunista.

Otro tema muy en boga en el socialismo real es el de la Revolución Cultural. Significó un viraje radical en el desarrollo cultural del pueblo después de la revolución socialista; importantísima parte componente de la transformación socialista y comunista de la sociedad. La instrucción y el dominio de los logros de la cultura bajo el capitalismo son el fundamental privilegio de los representantes de la clase dominante, gracias a lo cual éstos pueden ocuparse de la política y de las actividades de dirección, de la ciencia y el arte. La revolución socialista puso fin a estos privilegios. Esta crea las premisas necesarias para que todos los ciudadanos participen en la dirección del Estado, la economía y en la edificación de la nueva cultura. En el transcurso de esta revolución, masas trabajadoras cada vez más amplias tienen acceso a la instrucción, entran en contacto con las mejores realizaciones de la cultura del pasado. La construcción de la sociedad socialista requiere de especialidades en las más diversas ramas de la economía, la ciencia y la cultura; por eso, una de las tareas más importantes de la revolución cultural es la preparación de una nueva intelectualidad con base en los obreros y los campesinos y la reeducación de los viejos intelectuales. Parte de la Revolución Cultural es asimismo la superación de la influencia de la vieja ideología y la afirmación de la ideología socialista, la creación de la cultura nueva, socialista, del nuevo modo de vida. Para que la Revolución Cultural tenga amplio cauce se requieren no sólo cuadros, sino, ante todo una base material, un nivel determinado en el desarrollo de la economía. A su vez los éxitos alcanzados en la esfera de la instrucción y la cultura coadyuvan al desarrollo de la economía, a la elevación de la actividad social de los trabajadores. Como resultado de la Revolución Cultural, la Ex Unión Soviética ocupó un lugar de vanguardia en la ciencia y técnica mundiales: entró en una etapa definitiva de la Revolución Cultural, cuyo fin es la creación de todas las premisas espirituales necesarias para garantizar la victoria del comunismo; la educación comunista de los trabajadores, la plena superación de los vestigios de lo viejo en la conciencia y la conducta de los hombres, el desarrollo consciente de las capacidades de cada uno.

Desde luego, no podía construirse el socialismo real sin la aplicación práctica del internacionalismo proletario socialista (que viene del latín inter, pueblo, y natío, pueblo).

Este es un importantísimo principio de la ideología y política de la clase obrera, de los partidos marxistas leninistas. Se manifiesta en la solidaridad de la clase obrera, de su vanguardia comunista, de los trabajadores de todas las naciones, en la unidad y concordancia de sus acciones y en la ayuda recíproca.

El internacionalismo deriva de las condiciones objetivas de la lucha de clases, cuando la clase obrera de una nación dada se ve precisada a luchar no sólo contra "su" burguesía, sino también contra la burguesía de los demás países, pues "el capital es una fuerza internacional". El internacionalismo implica la colaboración voluntaria entre los trabajadores, no excluye la soberanía, la igualdad de derechos entre los destacamentos nacionales, el derecho a resolver los asuntos propios con independencia. En otras palabras, supone la unidad orgánica de las tareas nacionales e internacionales de los trabajadores y se halla indisolublemente ligado al patriotismo.

Los principios del internacionalismo proletario fueron formulados por primera vez por Marx y Engels en el "Manifiesto Comunista". Estos principios no han perdido su importancia, incluso en nuestra época; antes bien, se han enriquecido con un nuevo contenido y se refieren no sólo a la clase obrera que lucha por el derrocamiento del capitalismo.

Uno de los principios del internacionalismo más importantes es el del fortalecimiento, el de la cohesión de los países del socialismo, el del desarrollo de relaciones amistosas entre los pueblos de esos países.

En la vía de fortalecer la solidaridad internacional de todas las fuerzas avanzadas de la contemporaneidad, que actúan contra el imperialismo, reviste gran importancia la lucha contra todos los intentos de escindir estas fuerzas, contra la ideología y la política del nacionalismo burgués reaccionario. "el nacionalismo burgués y el internacionalismo proletario son dos consignas permanentemente hostiles que corresponden a los dos grandes campos de clase que existen en el mundo capitalista y que expresan dos políticas, (más aún, dos concepciones), en la cuestión nacional".

El pueblo soviético que creó un nuevo tipo de Estado Multinacional, que mantuvo relaciones de amistad y ayuda mutua con los pueblos de los demás países socialistas, que ayudó desinteresadamente a los pueblos que luchan por la independencia, la democracia y el socialismo, realizó en la práctica las ideas del internacionalismo.

La formación de la conciencia de los trabajadores en el espíritu del internacionalismo es tarea importantísima de la educación comunista.

Sólo el Partido Comunista puede llevar a la práctica todos estos conceptos que se utilizaron durante el desarrollo del socialismo real. Por ello, haremos referencia el papel del partido político, llamado en el socialismo partido de todo el pueblo.

El Partido, es la organización política que agrupa a la parte más activa de tal o cuál clase, que expresa sus intereses y objetivos y que dirige la lucha por su consecuencia, salvaguardia y afianzamiento. "La expresión más íntegra, plena y formal de la lucha política de las clases la constituyen la lucha entre los partidos".

Los ideólogos burgueses intentan negar la vinculación existente entre los partidos y las clases, representan a los partidos como una unión de personas que tienen los mismos puntos de vista en torno a tales o cuales cuestiones, con independencia de su posición clasista. Ahora bien, hacen referencia al sistema multipartidista burgués, cierto, en muchos países capitalistas existen varios partidos burgueses. Tal cosa se explica en virtud de que en el seno de la clase de los capitalistas existen distintos grupos, cuyos intereses chochan en unas u otras esferas. Empero, todos ellos actúan contra los trabajadores y sus organizaciones, por el afianzamiento de la propiedad privada sobre los medios de producción. La burguesía utiliza el sistema multipartidista para apartar a los trabajadores de la lucha de clases mediante el engaño, creando la ilusión de que en la sociedad capitalista existe democratismo, a fin de realizar sus intereses cardinales, poner fin a la explotación capitalista y edificar el socialismo, la clase obrera tiene la obligación de crear su propio partido político, cuyo fin consiste en llevar la lucha de clases hasta la conquista del poder por la clase obrera, hasta la dictadura del proletariado. La clase obrera no puede lograr este objetivo con la sola ayuda de los sindicatos, de las distintas organizaciones proletarias, pues éstas han sido organizadas para luchar por el mejoramiento de la situación de los obreros en los marcos del régimen existente. Aun cuando en los países capitalistas existen partidos socialdemócratas que se llaman así mismo obreros, tales partidos en la práctica aspiran únicamente a alcanzar reformas en los marcos del orden capitalista.

Sólo los partidos que mantienen las posiciones del marxismo leninismo, los partidos de nuevo tipo, son los auténticos exponentes de los intereses de la clase obrera y de todas las masas trabajadoras, independientemente de su pertenencia profesional. La dirección por parte de los partidos marxistas leninistas es una de las leyes más importantes de la revolución socialista.

Una vez que el partido de la clase obrera se convierte en partido gobernante, aumenta su papel como fuerza dirigente y organizadora de toda la sociedad.

El partido pone al descubierto las vías, científicamente fundamentadas, del movimiento hacia adelante, organiza a las masas para solucionar las grandiosas tareas de la edificación de la nueva sociedad.

A la par con el partido político o de todo el pueblo, las clases juegan un papel distinto al del capitalismo, en el socialismo real. La lucha de clases no termina con la instauración de la dictadura del proletariado. "La dictadura del proletariado es la continuación, bajo nuevas formas, de la lucha clasista del proletariado".

En el período de transición del capitalismo al socialismo la lucha de clases del proletariado, que utiliza su poder político, se encamina a liquidar las clases explotadoras, a rechazar a las fuerzas del imperialismo internacional.

Esta lucha puede adoptar distintas formas, incluso las más agudas: aplastamiento de los complots contrarrevolucionarios, guerra civil, lucha contra la intervención extranjera.

La victoria completa y definitiva del socialismo modifica sustancialmente la naturaleza de las clases en la sociedad socialista.

De clases carentes de medios de producción y sujetas a explotación en el capitalismo, los obreros y los campesinos se convierten en clases libres de toda explotación y dueños de los medios de producción, que son ya de propiedad social sobre la base de la producción social se desarrolla la unidad político social e ideológica de las clases y capas de la sociedad socialista. La lucha de clases deja de ser ley del desarrollo por cuanto coinciden los intereses cardinales de las clases trabajadoras y dejan de ser antagónicas las contradicciones que surgen, y pese a que en el socialismo todavía se mantienen diferencias entre la clase obrera, los campesinos y los intelectuales, tales diferencias van desapareciendo durante la transición al comunismo. En la medida en que se superan las diferencias entre la ciudad y el campo y entre el trabajo intelectual y el físico desaparecerá por completo la división de la sociedad en clases y capas sociales. Al final, todos serán trabajadores sin distinciones de intereses económicos y se deberán a la sociedad comunista.

El socialismo real no podía existir en los diferentes países europeos sin las alianzas correspondientes y sin integrarse económicamente ante el asedio del capitalismo mundial.

Bajo el imperialismo, los mercados nacionales internos se acercan a medida en que se impulsa el proceso integracionista.

El mercado capitalista mundial se diluye en los mercados regionales, relativamente aislados.

Al triunfar la revolución socialista en Rusia se desprendió de la órbita de la economía capitalista mundial una determinada esfera de la misma. Empero las leyes del capitalismo determinaban el movimiento de la economía y del mercado mundial.

En 1937, al socialismo le correspondía el 10% de la producción industrial y cerca del 3% del volumen del comercio mundial. En aquellas condiciones, cuando el socialismo vencía en un solo país, se hacía necesario resistir firmemente en el combate cuerpo a cuerpo contra el capitalismo y, a medida de lo posible utilizar el comercio con los países capitalistas, (el mercado capitalista mundial), en aras de crear y fortalecer la base técnica y material del socialismo. La situación en la economía mundial y en el comercio cambió radicalmente al constituirse el sistema socialista mundial. De la economía capitalista mundial se desprendió una región, dentro de la cual surgieron condiciones socioeconómicas objetivas para fomentar un proceso integracionista independiente.

La formación del sistema socialista mundial creó condiciones favorables para alimentar las relaciones comerciales exteriores entre los países que lo conformaban.

La cercanía territorial entre los países socialistas europeos y la Unión Soviética y la posibilidad de adoptar mutuamente los complejos económicos nacionales cuando se trata de régimen económico social univoco, crearon condiciones favorables para realizar un intercambio comercial exterior intenso y organizar el mercado internacional (el mercado de los países del CAME), dentro del mercado socialista mundial.

Históricamente el punto de arranque para la formación del mercado socialista mundial lo constituyó la creación del sistema socialista mundial como comunidad política y económica de países unidos por la identidad del régimen estatal y por un mismo objetivo en el desarrollo socio económico.

El proceso conformador del mercado socialista mundial avanzó paralelamente al fomento del proceso integracionista regional de los países socialistas. Pero la economía socialista mundial no puede formarse únicamente con la ayuda del mercado y sus instrumentos. La creación de la economía socialista mundial presupone el empleo de todas las formas de vínculos económicos inherentes al sistema como modo de producción mundial presupone el empleo de todas las formas de vínculos económicos inherentes al sistema como modo de producción.

Marx y Engels, al caracterizar el comunismo de manera general, indicaba que si en él están culminados los procesos de socialización a escala de toda la sociedad, entonces los nexos económicos no revisten la forma de intercambio mercantil. Marx en su obra "Crítica del Programa de Gotha", escribía: *"En el seno de una sociedad colectivista, basada en la propiedad común de los medios de producción, los productores no cambian sus productos; el trabajo invertido en los productos no se presenta aquí tampoco, como valor de estos productos como una cualidad material, inherente a ellos, pues aquí, por oposición a lo que sucede en la sociedad capitalista, los trabajos individuales no forman ya parte integrante del trabajo común mediante un rodeo, sino directamente".*

Esta misma idea fue expuesta por Engels en su trabajo "Anti-Duhring", en 1908, Lenin en su obra "El problema agrario en Rusia a fines del siglo XIX", teniendo en cuenta una de las tareas en perspectiva del socialismo, escribía: "el socialismo, como sabemos significa la abolición de la economía mercantil". Lenin en sus obras posteriores subrayaba la necesidad de utilizar las relaciones monetarias mercantiles. Así, por ejemplo, en la primavera del año 1921, plantea teórica y prácticamente la cuestión referente al empleo del intercambio de mercancías, del mercado, para edificar el socialismo.

En el informe "Sobre el impuesto en especie" ante la X Conferencia del Partido Comunista de Rusia, Lenin indicaba: "Debíamos colocar en el orden del día una nueva cuestión: averiguar qué bases económicas de la alianza entre la clase obrera y el campesinado nos eran inmediatamente necesarias, como transición a ulteriores medidas".

La medida de transición, con vistas a providencias sucesivas, se reduce a preparar el intercambio de artículo industriales por productos agrícolas, llegar a un orden de cosas en el que los campesinos no tengan que entregar sus productos, sino a cambio de artículos urbanos y fabriles, bien entendido que este intercambio no debía ser supeditado a la totalidad de las formas vigentes en el régimen capitalista.

Más en virtud de las formas económicas, ni siquiera pudimos pensar en esto. Por eso adoptamos la forma de transición de la que antes he hablado, a saber: recibir productos en concepto de impuesto, sin equivalente alguno, y adquirir productos suplementarios a través del intercambio de mercancías. Lenin, en el citado informe, expuso toda una serie de tesis de principio en relación con la edificación del socialismo en un país donde predominaba el pequeño campesino, como lo era la Rusia Soviética. En primer lugar, él plantea la tesis sobre el intercambio de artículos entre la agricultura y la industria del Estado como base económica para la alianza obrero campesina; "Esta libertad de intercambio es el medio que permite crear unas relaciones estables desde el punto de vista económico entre la clase obrera y el campesinado. En segundo lugar, sobre el impuesto en especie como forma existente bajo el capitalismo: en tercer lugar, sobre el impuesto en especie como forma que suponía requisar parte de la producción agropecuaria sin equivalente alguno, a diferencia del intercambio de mercancías que presupone el intercambio a base de equivalentes; en cuarto lugar, sobre el impuesto en especie como forma transitoria de relaciones hacia una relación tal entre agricultura e industria, en que la producción agropecuaria se cambie por artículos industriales, únicamente a base del equivalente, porque el impuesto es una medida necesaria debido a que no se contaba con un fondo suficiente para el intercambio y eso era un hecho; en quinto lugar, el intercambio de productos basado en el equivalente es intercambio de mercancías.

El programa complejo de la integración económica de los países que fueron miembros del CAME tuvo en cuenta perfeccionar las relaciones comerciales a largo plazo como una de las formas más importantes de organización planificada del comercio mutuo.

El perfeccionamiento de las relaciones comerciales a largo plazo tiene su base en el fomento de la colaboración económica en el ulterior desarrollo y profundización de la especialización internacional de la producción. La profundización de la colaboración en la esfera de la producción material, de materias primas y combustible, el fomento de la cooperación y especialización internacionales de la producción a base de la fabricación de artículos en serie y a gran escala, todo ello trajo consigo determinados cambios funcionales en el comercio exterior mutuo; garantizó lazos productivos firmes y duraderos entre los países miembros del CAME. Esta es una particularidad de las relaciones comerciales entre los países del CAME que está directamente relacionada con el proceso integracionista.

Las relaciones en el mercado socialista mundial, por una parte, representaron en sí la continuación de las relaciones internas, pero por la otra, poseen un cúmulo de particularidades específicas, vinculadas a la soberanía estatal de los países y su aislamiento económico. La soberanía estatal, la igualdad de derechos de todos los países, presupone únicamente el empleo de formas voluntarias de colaboración. En las condiciones de comercio entre países socialistas, cada país está interesado en que el comercio exterior contribuya a incrementar el monto de su renta nacional. El desnivel de desarrollo económico y de productividad del trabajo condicionó la diferencia en los gastos socialmente necesarios plasmados en la mercancía. Por otra parte no se puede suponer que el intercambio de valores de uso iguales lanzados al mercado por dos o más países, se lleve a cabo en concordancia con los gastos socialmente necesarios nacionales, que en esos países son diferentes. Entonces ¿quizá los gastos socialmente necesarios nacionales se reduzcan a gastos internacionales de la misma manera en que en el mercado nacional el valor individual se reduce a valor social?

El mercado mundial, en cierto modo, es la continuación y el fomento de los mercados nacionales, pero, al mismo tiempo, el mercado mundial existe junto a los mercados nacionales al representar el fomento y la continuación de los mercados nacionales, el mercado mundial se supedita a las mismas leyes económicas que actúan en aquellos. Las relaciones en el mercado mundial, tomadas en su aspecto puro, o lo que es lo mismo, como relaciones vinculadas al intercambio de mercancías, al realizarse la metamorfosis del valor, en este sentido, no se diferencian de las relaciones en el mercado mundial. Pero éste es un enfoque abstracto y simple que sólo está justificado por la necesidad de aclarar la esencia del proceso. En realidad las relaciones en el mercado mundial, poseen peculiaridades, claramente marcadas, en comparación con las relaciones que se establecen en el mercado nacional.

El mercado mundial existe junto a los mercados nacionales (por ejemplo, cuando los precios en el mercado mundial determinan los precios en el mercado nacional).

En principio, el mercado mundial no absorbe al mercado nacional. Por ejemplo el mercado capitalista mundial al atraer la producción de las formas pre capitalistas a la circulación mercantil, contribuyó a desarrollar las relaciones capitalistas (el proceso de transformación de los modos de producción capitalistas se realiza también por vía extra económicas). Por eso el mercado capitalista mundial, ya no es sólo, ni tampoco siempre, desarrollo y continuación del mercado nacional. A veces, el mercado capitalista nacional se creaba como resultan en la influencia directa del mercado mundial; la circulación mercantil exterior impulsó el surgimiento y fomento de la circulación mercantil interior nacional. Esto, sobre todo, se refiere, a los países inmersos en la órbita de las relaciones capitalistas en situación de colonias. La mutua influencia existente entre el mercado exterior y el desarrollo del modo de producción capitalista, fue subrayada en especial atención por Carlos Marx:

.... "la expansión del comercio exterior, aunque en la influencia del régimen capitalista de producción fuese la base de él, a medida que este régimen de producción se desarrolla, por la necesidad interna de él, por su apetencia de mercados cada vez más extensos, va convirtiéndose en su propio producto"...

Al sistema socialista mundial y al capitalista corresponden dos tipos fundamentales de relaciones económicas internacionales que unifican la interacción de fenómenos en principios diferentes. Los vínculos económicos internacionales entre países socialistas se caracterizan por la asistencia mutua, la igualdad de derechos, la definición planificada de las proporciones en el intercambio de actividad, el interés muto por garantizar el provecho. La esencia de las relaciones económicas internacionales entre países capitalistas consiste en la explotación, el dominio y la supeditación, mientras que los propios vínculos económicos se forman espontáneamente. De la caracterización anterior se desprende que los distintos tipos de interacción entre fenómenos sociales se supeditan a leyes diferentes.

El valor internacional refleja el elemento común entre estos dos tipos de relaciones internacionales, pero este elemento común se comporta de manera diversa, a consecuencia de las diferencias absolutas entre socialismo y capitalismo, como organismos sociales, de las distintas condiciones en que tiene que actuar ese elemento.

El mercado socialista mundial no estuvo aislado del mercado capitalista mundial. En este mercado capitalista mundial compraban los países socialistas algunos tipos de materias primas y materiales. Las condiciones de producción socialista influyeron en los precios de algunas mercancías en los mercados mundiales.

CAPÍTULO III

INICIOS DEL SOCIALISMO EN EL MUNDO

Las ideas del socialismo empezaron antes de que Carlos Marx desarrollara en sus obras "El Capital y Manifiesto Comunista", toda la doctrina del comunismo científico.

Los primeros en esbozar estos criterios fueron los socialistas utópicos Fourier, Saint Simón y Roberto Owen, de origen francés e inglés respectivamente.

En Rusia, un socialista utópico fue Nicolás Cernichevsky, autor de la obra "¿Qué hacer?", en la cual se inspiró Vladimir Ilich Ulianov, (Lenin), para escribir su famosa obra "¿Qué hacer?", dedicada a las tareas que debían realizar los "bolcheviques" rusos para derrocar al zarismo.

Chernichevsky en su libro plantea la situación de una cooperativa de mujeres dedicadas a la costura, en la que demuestra que la ganancia por su labor puede mejorarse colectivamente. Así nació la idea del socialismo, en la época pre-capitalista, cuando aún no había surgido la clase obrera como conductora, con su partido de la revolución socialista.

Marx colocó en su verdadero lugar todas estas ideas y conformó la estructura de lo que sería en la práctica, el socialismo.

Lenin, tomando como base la realidad rusa del zarismo, en los años 1903 a 1917, desarrolló las concepciones de Marx y Engels, hasta concluido con la toma del poder por los bolcheviques, derrocando al zarismo e instaurando en el mundo la primera revolución socialista.

El 26 de octubre (7de noviembre según el nuevo calendario) de 1917, se inició una nueva época, la del socialismo, rompiendo el poder ominado por el capitalismo. Ante esta nueva realidad y con el ejemplo de la primera revolución socialista, los pueblos del mundo empiezan a organizarse y a seguir el ejemplo de la revolución.

De la teoría marxista se llegó a la práctica de construir una nueva sociedad gracias al genio y capacidad de Lenin y la fuerza obrera y campesina del Partido Comunista de Rusia.

Setenta años duró el sistema socialista mundial en los cuales el pueblo ruso y soviético cambió de modo de vida, gracias a las obras realizadas por el gobierno socialista dedicado a satisfacer las necesidades populares.

Los rusos tienen el mérito de haber construido el socialismo por primera vez en el mundo, lo que constituyó una gran hazaña y el cambio social en la época moderna. No se puede, negar, por supuesto, la enorme trascendencia que este fenómeno constituye para las nuevas generaciones.

CAPÍTULO IV

LA REVOLUCIÓN RUSA DE 1917

Previo a los hechos del 26 de octubre de 1917, en que la clase obrera y su partido marxista leninista se hizo del poder, los comunistas rusos, bajo la sabia dirección de Lenin, desde el año 1900, se enfrentaron al zarismo sufriendo muchas pérdidas de vidas humanas, por lo bestial e inhumano de este régimen.

La pelea no fue sólo contra el poder despótico de los zares, sino internamente contra todo tipo de oportunistas, que sus posiciones burguesas y reaccionarias se oponían a los criterios y tesis leninistas.

En sus obras, Lenin, desenmascaró estas posiciones, especialmente en "¿Qué hacer?", "La enfermedad Infantil del Izquierdismo en el Comunismo", "Tareas de la Socialdemocracia en la Revolución Democrática" que fueron esgrimidas por intelectuales como Martov, Axelrod, Plejanov, Trotsky y otros que poseían un bagaje intelectual sólido y que después formaron el grupo de los mencheviques (minoría) que tanto daño causó al Partido Comunista Ruso.

Pero, aún con estas dificultades, Lenin y su partido, logró organizar a los trabajadores de la ciudad y el campo y dieron al traste con el poder de los Romanov (zares) instaurando el poder de los Soviets (Consejos) en el momento oportuno y necesario.

La Revolución Rusa se llevó a cabo porque este país era el eslabón más débil de la cadena del capitalismo y las contradicciones de clase llegaron a un punto de efervescencia. Se cumplía, pues, la ley de la revolución social que dice: "Cuando los de arriba ya no pueden seguir gobernando como antes y los de abajo ya no soportan la explotación y la miseria, se produce, entonces la toma del poder".

Lenin tuvo la intuición y perspicacia de escoger el momento de actuar diciendo: "todo el poder a los soviets"

Desde ese momento se tomaron todas las medidas para desarticular el gobierno de los zares y comenzar a poner en práctica las nuevas formas del poder socialista.

La revolución rusa tuvo que preparar a los obreros y campesinos y a los cuadros del partido para encarar las tareas del nuevo gobierno, aprovechar la experiencia de algunos intelectuales que estaban dispuestos a colaborar con los "bolcheviques", y a liquidar la propiedad privada de los capitalistas sobre las fábricas y propiedades dedicadas a la producción.

Además de estas difíciles tareas, la revolución rusa, tuvo que luchar a brazo partido contra la reacción interna e internacional, que se debatía entre la vida y la muerte por sostener el poder y defender sus intereses de clase.

CAPÍTULO V

PRIMERO AÑOS DEL PODER SOVIÉTICO BAJO LA DIRECCIÓN DE LENIN

Los primeros años del poder soviético o de la Revolución Rusa, fueron difíciles, complicados y duros, complicados y duros. No podía ser de otra manera pues se había roto la cadena del imperialismo y el eslabón roto tenía que buscar su derrotero. Los principales problemas de la construcción socialista en estos primeros años fueron la ignorancia, incultura, y la oposición sangrienta de las fuerzas reaccionarias representadas por la burguesía zarista y los terratenientes conocidos como kulahs en Rusia.

Paralelamente, Lenin y los bolcheviques conscientes tuvieron que luchar contra el sectarismo, dogmatismo y extremismo de algunos militantes del Partido Comunista ruso.

Al principio, algunos militantes organizaron un movimiento llamado PROLETCULT que se dedicó a destruir iglesias y a atacar a todos los religioso porque no apoyaban la revolución socialista y porque de manera mecánica entendían el pensamiento de Carlos Marx cuando decía que la "religión era el opio de los pueblos". Lenin criticó duramente a los que tenían esa posición y realizaban actos violentos contra los templos religiosos.

El jefe de la revolución argumentaba que había que dialogar con los religiosos y traerlos a la causa revolucionaria, además de que la religión no era el problema principal, sino que tenía un tercer lugar en importancia, con relación al proceso revolucionario.

En su obra "acerca de la religión", Lenin hace un análisis certero del rol que desempeña la religión en la vida social y la actitud de comprensión y tolerancia que había que tener hacia ellos. Decía que constituían masas populares significativas y que no era correcto despreciarlas porque ejercían influencia en el campesinado atrasado.

Estos principios leninistas fueron cumplidos y las iglesias fueron respetadas durante existió el socialismo. Esto fue así, porque se les planteó que ellos se dedicaran a su fe y no se entrometieran en la política ni en los asuntos del Estado. Que debían atenerse al laicismo, es decir, que en la educación no se debe permitir la participación de las religiones. Estos criterios se respetaron y se cumplieron al pie de la letra, razón por la cual las iglesias siempre cumplieron su función como abanderados de la fe cristiana.

Los comunistas dogmáticos tuvieron que aceptar que su actitud de destruir los templos era incorrecta y se plegaron a las concepciones leninistas, no sin antes, participar en serias y profundas discusiones de principios.

La lucha contra el dogmatismo, el sectarismo y el anarquismo, fue sin tregua, porque hacían grave daño a la construcción del socialismo.

Otra cuestión que constituyó un serio problema en la construcción del socialismo en agropecuaria. El trigo, centeno y otros granos escaseaban y era necesario aumentar la producción para alimentar a la población y no dejar la opinión de que el poder soviético no tenía capacidad para dirigir la producción en el campo y poder alimentar a toda la población.

En el campo hacía falta maquinaria y semillas. Existía el desorden, porque los Kulaks (terratenientes o campesinos ricos) constituían la fuerza reaccionaria más significativa y boicoteaban las cosechas y la producción de granos y verduras. Se amotinaban y formaban grupos guerrilleros para combatir el poder soviético. En estas batallas perdían la vida valiosos revolucionarios en defensa del poder soviético.

Lenin prestaba atención a todo lo que ocurría en el campo, hasta los aspectos más inverosímiles y comunes. Tal era su atención y preocupación que en una ocasión llegó al palacio del Kremlin (palacio de gobierno) un campesino pobre y mal vestido y los guardias no lo dejaban entrar. Lenin se percató del incidente y fue al encuentro del mujik (campesino), y en la conversación aquel le dijo que necesitaban grasa para las ruedas y ejes de las carretas con las que sacaban la cosecha, e inmediatamente, Lenin ordenó que enviaran toda la grasa necesaria para las carreras que decía el campesino.

Este simple hecho es una demostración de que Lenin estaba pendiente de los más mínimos detalles de lo que ocurría en la producción del campo.

Tomemos en cuenta que en el socialismo los campesinos pasan a ser, junto a la clase obrera, una clase fundamental de la sociedad. Bajo la dirección de la clase obrera se realiza su transformación socialista.

Los campesinos ricos son liquidados como clase y los campesinos trabajadores empiezan a dirigir sus economías, desde un punto de vista social, a través de la cooperación.

Este proceso va modificando, incluso la psicología de los campesinos; crea el proceso de su diferenciación, su apego a la parcela, y hace el sentimiento del colectivismo, de la camaradería.

Sin embargo, en el socialismo todavía se mantienen diferencias entre los campesinos y la clase obrera, diferencias que tienen su base en las que existen entre las formas de propiedad estatal y cooperativas koljosianas, así como en las formas de organización y pago del trabajo.

Estas diferencias se van liquidando en el proceso de edificación del comunismo. Los campesinos – según la teoría – se fundirían con la clase obrera y los intelectuales en el ejército único de los trabajadores de la sociedad comunista sin clases.

CAPÍTULO VI

INTENTOS DE LA REACCIÓN MUNDIAL DE DERROCAR A LOS BOLCHEVIQUES

Desde que surgió por primera vez en el mundo, la primera revolución socialista, que diera al traste con la propiedad privada y el poder político y económico de la burguesía, ésta fue asediada, hostigada y atacada por la reacción interna y externa con fuerza y tenacidad porque su ejemplo podía expandirse a los demás países y eso significaba que la burguesía perdiera su fuerza y poder económico y político en el mundo.

Internamente, los terratenientes y campesinos ricos (llamados Kulks en Rusia) organizaron la resistencia armada en aldeas, poblados y caseríos en el campo, en contra de los bolcheviques que dirigían el proceso revolucionario pacíficamente y trabajaban con sus aperos en la cosecha de trigo, cereales, carne y verduras para abstener de alimentos a la población que se debatía entre la vida y la muerte a consecuencia de la lucha armada en contra de los enemigos de la revolución socialista.

Ante la situación de insurgencia decretada por los dueños de la tierra, los bolcheviques se vieron obligados a defenderse y para ello prepararon al ejército rojo con combatientes obreros, campesinas y otras capas sociales partidarios y defensores a muerte a consecuencia de la lucha armada en contra de los enemigos de la revolución socialista.

Ante la situación de insurgencia decretada por los dueños de la tierra, los bolcheviques se vieron obligados a defenderse y para ello prepararon al ejército rojo con combatientes obreros, campesinos y otras capas sociales partidarias y defensoras a muerte de las conquistas que iban logrando la revolución. Surge, así, el ejército ruso, llamado Ejército Rojo.

Como la resistencia contrarrevolucionaria era fuerte y organizada en guerrillas que se escondían en el monte y eran auxiliadas por personas residentes en las alteas los contingentes revolucionarios se vieron en la necesidad de organizarse, capacitarse y prepararse con la colaboración de militares del antiguo ejército que se hicieron al lado de los bolcheviques.

En esta cruenta lucha se forjó el Gran Ejército Rojo que se batió, muchos años después, contra las fuerzas hitlerianas que querían dominar el mundo, en la que al final salió victorioso.

La contrarrevolución armada era dirigida por los mencheviques (minoría en ruso) y otros pequeños partidos insuflados por la ideología burguesa, partidarios de los zares, y los militantes del trotsquismo dirigidos por León Trotsky, que posteriormente fue asesinado de un hachazo en México, según informaciones de la época, enviado a matar por Stalin.

Todos los que polemizaron con Lenin desde posiciones teóricas y que se quedaron en las filas del menchevismo hicieron un bloque común en contra de las medidas que iba adoptando el poder soviético. Desde las posiciones teóricas y desde la utilización de las armas, los bolcheviques se prepararon e hicieron frente al embate de los enemigos internos que se quedaron de manera solapada vegetando en la nueva sociedad pero con la finalidad de hacer daño y oponerse al socialismo.

Estas vicisitudes y acontecimientos históricos del socialismo real se reflejan fielmente en la historia novelada

"El Don Apacible" del escritor soviético Mijaíl Shólojov, quién basándose en relatos reales de aquel momento, plantea toda la experiencia de la lucha armada de esos difíciles años, del "Comunismo de Guerra".

De igual manera, para hacerse una idea fidedigna de los primeros años del "Poder Soviético" en los que las dificultades proliferaban como "setas después de la lluvia", hay que leer el libro escrito por el escritor norteamericano John Reed, "Diez días que estremecieron al mundo" de un gran valor informativo pues en sus páginas se reflejan paso a paso, de manera pormenorizada los primeros momentos en que Lenin toma el poder, creando el "Poder de los Soviets" con todas las dificultades que este fenómeno social tuvo en los años de 1917 a 1922.

La pelea interna fue muy dura, complicada y difícil en la que sucumbían valiosos cuadros del partido comunista ruso, que entregaron su vida convencidos de que el socialismo era el único camino para sacar del atraso a Rusia y construir un destino mejor para ese pueblo sufrido que le tocó vivir la época del zarismo con sus consecuencias de pobreza a miseria, analfabetismo, ignorancia, persecuciones políticas, torturas, muerte y represión en general.

Pero a la par con estos sucesos negativos se fueron fortaleciendo y creando los cuadros capaces del partido que después se convirtieron en dirigente probados del socialismo real y de la formación de la ex Unión Soviética.

Estos se convirtieron en dirigentes del Partido Bolchevique acompañado a Vladimir Ilich Lenin en la sabia dirección del estado ruso y soviético. Podemos citar entre ellos a José Stalin que se convirtió en sucesor de Lenin, cuando éste falleció. Mijaíl Sverollov Lunachovsky, Félix Edmundo Deezensky, Jefe de la Policía Secreta, llamada en aquel momento La Cheká.

En resumen de ese período histórico del socialismo real, se puede decir que la formación teórica y práctica, la disciplina estatutaria y la fuerza organizativa del partido comunista dirigiendo a la clase obrera y campesino, fueron los pilares fundamentales para derrotar los embates de la contrarrevolución interna, que aunque destruida, levantaba cabeza, con los pocos que quedaron, cuando situaciones coyunturales así lo ameritaban.

Gracias a la sabia dirección de Lenin la reacción interna fue derrotada con el resultado lógico de muertes por ambos lados, que pudieron evitarse si los contrarrevolucionarios no hubieran hecho resistencia con las armas en la mano a sabiendas que la correlación de fuerzas no les era favorable y sabían que perderían en el intento ante un pueblo que hizo la revolución y construyó el socialismo real.

Paralelamente con la reacción interna, preparaba sus planes y ejércitos la burguesía internacional para destruir, desde sus inicios, al socialismo real de los soviéticos. En estos quehaceres trabajaba el gobierno de Estados Unidos, Alemania e Inglaterra que enviaban sus agentes infiltrados a recibir información y con los reaccionarios internos desestabilizar al régimen revolucionario. En varias ocasiones estos quinta columna fueron descubiertos y expulsados del territorio por el gobierno ruso y soviético.

A la par con estas escaramuzas, en Alemania, el gobierno y el monopolio de los krups se preparaban para atacar militantemente a los pueblos de la ex URRSS y a otros países que formaban parte de sus planes de intervención.

Hitler, de origen austríaco, ya había escogido por los monopolios de la industria alemana para ser presidente de ese país y jefe de las huestes fascistas que liquidarían y casi exterminaron a los judíos. Leal servidor de los monopolios, Hitler comenzó a estructurar su tesis de la pureza de la raza aria y liquidación total de los judíos por considerarlos inferiores.

Empezaron, pues los preparativos de la segunda guerra mundial, concretamente para atacar al socialismo que continuaba su desarrollo económico, político y social diferente del capitalista y venciendo a todos los enemigos en sus vanos intentos de destruir al socialismo que era, según ellos, un mal ejemplo para los pueblos.

El imperialismo hacía su guerra contra la URSS, creando enfrentamientos armados en cualquier país del mundo, donde existieran partidos comunistas y fuerzas que se oponían a sus propósitos de gran potencia.

En ningún momento, desde el día que surgió el socialismo, el imperialismo con sus monopolios y transnacionales ha dejado de hostigar y atacar para derrotar de cualquier manera a este sistema social que se le interpuso en su camino quitándoles su poder omnímodo.

Han utilizado, con su instrumento de inteligencia, la CIA, todas las patrañas, mentiras, inventos de todo tipo, para hacer caer el socialismo, hasta que en los años ochenta, del siglo XX, lograron cumplir su cometido utilizando a dirigentes del PCUS débiles en sus principios y partidarios de la ostentación del capitalismo.

Yeltsin y Gorvachoch están señalados en la historia mundial como los traidores del socialismo ayudando al imperialismo a desmantelar el sistema que se les opuso y enfrentó durante más de setenta años.

Con la caída del socialismo se vinieron abajo las conquistas sociales de obrero y campesinos, lo mismo que los pueblos del mundo, perdieron su esperanza, teniendo que buscar otras formas para conquistar el poder y el bienestar de las sociedades de cada país.

La lección extraída de todos estos acontecimientos es que el enemigo de clase y de las revoluciones jamás descansará en su lucha por defenestrar al socialismo.

CAPÍTULO VII

LA ECONOMÍA SOCIALIZADA
PLANIFICACIÓN EN EL SOCIALISMO

La planificación económica es parte esencial de la economía en el socialismo. En esta formación económica social, a diferencia del capitalismo, prevalece la propiedad social sobre los medios fundamentales de producción. Esto significa que todas las fábricas maquinaria de todo tipo, pertenecen al Estado. Este es el que dirige toda la producción de mercancías en todo el país bajo las condiciones de una planificación centralizada. Esto puede ser así porque ya no existen dueños particulares e individuales de los elementos de la producción, sino que es un solo propietario que en el caso que nos ocupa, es el Estado, quien con todo su aparato de funcionarios especialistas en distintas ramas, realiza la dirección de la producción de acuerdo con la rama de que se trate. En cada sector en el cual se produce, dirige un equipo de administradores que son los encargados de responder por los resultados ante el Consejo del lugar de que se trate. Existían planes de fábrica, de ciudad, de región, de cada país de las quince repúblicas quienes mensual, trimestral, cada seis meses y al final del año controlaban el cumplimiento del plan quinquenal con las distintas especificidades en cada lugar.

En el socialismo, los planes se cumplían porque su finalidad era elevar el crecimiento de la producción de mercancías para lograr satisfacer cabalmente las necesidades de la población. La ganancia producida, gracias a la planificación y centralización no iba a manos de uno o más personas, como en el capitalismo, sino al Estado para que este lo distribuya entre la población a través de medicinas, tratamiento médico gratuito, vacaciones en centros especializados en las montañas o en el mar, comestibles a bajo precio y un transporte como el metro, tranvía, trolebús a muy bajo precio. Con la ganancia de la producción de mercancías en el socialismo no se hacía millonario nadie sino que el dinero proveniente de la ganancia se gastaba en los servicios a la población. En el capitalismo no se puede socializar la economía porque la propiedad es privada y es el dueño el que planifica para obtener la plusvalía (ganancia) que va a parar a los bolsillos del propietario y no de los trabajadores que son los que producen la riqueza nacional.

CAPÍTULO VIII

AGRO E INDUSTRIA REPRESENTADOS POR LOS KOLYOSES Y SOVJOSES

Hemos explicado en páginas anteriores que **Koljos** en el idioma ruso, significa cooperativa agraria y **sovjos** cooperativa estatal.

Ambos eran sectores de producción de los campesinos organizados que habían dejado de ser campesinos sin tierra y sin producción y que en el socialismo producían el trigo, centeno, cereales, verduras y los comestibles necesarios para abastar a la ciudad. Había en aquellos otros iniciales de la revolución socialista de octubre, una imperiosa necesidad de desarrollo del agro y la industria para subsistir y hacerle frente a la reacción nacional e internacional.

Para eso, Lenin planteó la necesidad de cooperativizar el campo, creando las cooperativas de producción agraria con los campesinos, después de darles la tierra y las facilidades de transporte, préstamos, semillas, herramientas y todo lo necesario para producir la tierra en condiciones normales.

El campesinado ruso, que había vivido explotado y en la miseria, con el socialismo, tuvo la posibilidad de organizarse en cooperativas y producir lo suficiente para la venta del producto en el mercado y para sostener a su familia. Los campesinos tomaron la decisión de producir unidos en una cooperativa que en ruso se llamó Koljos, cuyo significado, dijimos antes, es cooperativa agraria.

Con el Koljos toda la economía era socializada. La tierra cedida por el Estado, la maquinaria e instrumentos, el capital, el transporte, lo que les permitía cultivar la tierra con muchas facilidades. La ganancia se depositaba en un fondo de acumulación para la inversión de capital y para la distribución en salarios a todos los miembros de la cooperativa o Koljos.

El campesino koljosiano con esta forma de producción mejoró su situación económica y podía pagar sus gastos diarios y los de su familia.

A través de la producción koljosiana se desarrolló el agro soviético creándose la base alimenticia para alimentar a toda la sociedad.

Con los koljoses y sovjoses se desarrolló el campo soviético construyéndose escuelas, dispensarios, institutos de segunda enseñanza, tiendas de comestibles y todas las necesidades que existían en las ciudades, disminuyendo de esta manera, las diferencias entre la ciudad y el campo.

Los koljoses tenían su Consejo Directivo que velaba por la conducción eficiente de la empresa cooperativa. Los miembros del Consejo Directivo eran los más capaces y dinámicos y por lo general miembros activos del partido comunista. Este consejo se encargaba de dirigir los planes quinquenales y el cumplimiento de los mismos.

Los sovjoses eran cooperativas agrarias de campesinos pero dirigidas por el Estado. Eran más desarrolladas, pues tenían mayor cantidad de tierras, más asociados y ventajas en cuanto a préstamos, maquinaria y simiente. De la misma manera que el koljoz producía granos, verduras, carne, vinos, frutas, para abastecer a la población de las ciudades.

Igualmente la producción era socializada, el fondo de acumulación se dividía su capital constante y en pago de salarios. Algunos sovjoses se convirtieron en los principales abastecedores de comestibles para el mercado de las ciudades más importantes. Los precios de las mercancías producidas por los kojoses y sovjoses eran módicos y en vista que la ley del valor de las mercancías no se aplicaba igual que en el capitalismo que lo principal era obtener la plusvalía para el empresario capitalista. Los sovjoses eran dirigidos por el partido comunista y el control del cumplimiento de los planes era muy eficiente. El cumplimiento del plan quinquenal era obligatorio, y, por lo general se sobre cumplían las cuotas establecidas.

Koljoses y sovjoses son la demostración más clara de la socialización de la producción agropecuaria convirtiéndose sus miembros en baluartes de la producción socialista por su eficiencia y calidad productiva.

CAPÍTULO IX

UN PARTIDO POLITICO DE VANGUARDIA: EL BOLCHEVIQUE – PCUS

Al papel del partido político, Lenin le dedicó vital importancia. Luchó y polemizó contra los enemigos de la revolución en los primeros años de existencia de partido obrero socialdemócrata de Rusia, POSDR.

En el POSDR, Lenin planteó sus tesis políticas e ideológicas, además de referirse pormenorizadamente a la organización de un partido revolucionario.

En las obras ¿Qué hacer?, "La Enfermedad Infantil del Izquierdismo en el Comunismo", "Un paso adelante y dos atrás", Vladimir Ilich Ilianov (Lenin) polemiza con toda suerte de revisionistas y oportunistas que se oponían a la organización de un partido revolucionario que guiara el proletariado a la toma del poder y derrocar al zarismo.

La polémica adquirió formas irreconciliables contra Martov, Axelrod, Martinov, Plejanoc, Bacunin, opuestos a la organización del partido comunista, a la aplicación de las formas de lucha correctas y a reconocer a la clase obrera como la clase de vanguardia de la sociedad rusa de aquel entonces.

La polémica se desató en el interior del POSDR dividiéndose en dos grupos: los bolcheviques y los mencheviques, que en el idioma ruso significa mayoría y minoría. La mayoría estaba con Lenin y la minoría con los oportunistas.

La palabra bolchevique procede del vocablo ruso "Bolchwsvov" mayoría, en español, y "menchisvov", minoría. Constituyéndose los bolcheviques en el partido revolucionario y los mencheviques en los opositores contrarrevolucionarios.

Lenin concebía al partido de vanguardia como un partido científicamente organizado, con una ideología bien definida y clara y como protagonista principal a la clase obrera. Su tesis partidaria partía del criterio de que "el miembro del partido comunista debe ser una persona que acepte la ideología y el programa milite en uno de sus organismos y pague una cuota". En la aceptación de este principio se diferencia el miembro de un partido revolucionario con el de una que milita en un partido burgués.

Los partidos burgueses, en el caso de nuestro país, el liberal y el nacional, son organizaciones en las que sus miembros no respetan la aplicación de sus estatutos y no exigen la militancia en un organismo, ni el acatamiento a su programa e ideología. Son, principalmente, partidos electoreros que siguen a una personalidad más que a la organización, y que pueden, en períodos electorales depositar su voto a favor de un contrario. Esto, desde luego tergiversa el concepto leninista de partido político y lo convierte, más que todo en una organización de carácter social que no tiene nada que ver con el concepto científico de lo que es un partido, y, por ello, son instrumentos de la burguesía.

Por el contrario, ser militante a la usanza leninista, significa tener principios, ser disciplinados con las normas estatutarias y siempre defender una ideología y un programa.

La personalidad o los líderes desempeñan su papel importante, pero nunca superior o por encima de la organización o del partido.

El partido, con sus autoridades, dirigen las acciones políticas de sus miembros, cumpliéndose en la práctica, el concepto del centralismo democrático. Este principio, es el que pone la diferencia, entre los partidos comunistas y los partidos dirigidos por elementos de la burguesía.

En sí, el Centralismo Democrático, significa que todos obedecen a un centro que es el organismo superior, integrado por los miembros más capaces y de experiencia política, que de manera colectiva, sin posiciones individualistas, mantienen la dirección estratégica y táctica de la organización.

Pero, al mismo tiempo se aplica la democracia de abajo a arriba y viceversa. Las decisiones son colegiadas, es decir existe una discusión colectiva en las células y en los organismos de dirección. Los ideólogos de la burguesía siempre han atacado al Centralismo Democrático considerándolo como una dictadura, pero la práctica de muchos años en la llanura y en el poder ha demostrado lo contrario, pues la vinculación del centralismo con la democracia es una dicotomía que funciona, en la práctica, perfectamente.

Una vez que la militancia entiende estos principios estatutarios y revolucionarios se convierte en un activo y verdadero militante preparado para entender las cuestiones de la estrategia y táctica política.

La dirección de los partidos está obligada a preocuparse porque los militantes entiendan teórica y prácticamente estos conceptos científicos.

Deben saber y entender que la estrategia es la línea política para un período más o menos largo en el que el partido se prepara para obtener un objetivo que en la mayoría de las veces está relacionado con el poder político. En cambio, la táctica son las acciones o pasos que se dan diariamente para llegar a la finalidad estratégica. Siempre la táctica se supedita a la estrategia y `´esta necesita de aquella para avanzar en el proyecto de que se trate.

Estrategia y táctica son principios dialécticos que deben cumplirse y agotarse en la lucha política contra la burguesía.

En resumen, Lenin partía de la opinión de que el partido para que sea de vanguardia, debe tener a la clase obrera como centro y guía del proceso revolucionario. Para que sea de vanguardia, también siempre debe ir adelante, no en el centro, ni atrás porque de lo contrario no cumpliría sus funciones y tareas de avanzada como son llevar el proceso revolucionario a la conquista del poder.

En otro concepto importante en la teoría del partido de vanguardia es la disciplina. Es la columna vertebral de los estatutos de un partido. La disciplina debe cumplirse rigurosamente en todas las decisiones del partido. Ser disciplinados ante los ˆórganos partidarios, y una vez discutida una directriz, cumplirla al pie de la letra. Por ello hay que participar en las discusiones, antes de aprobarse una resolución, para cumplirla sin demora y sin subterfugios.

Así entendía Lenin, la concepción de un partido político. Por estas razones, es que pudo dirigir al Partido Bolchevique desde 1902 hasta 1917 hasta la toma del poder con la frase "todo el poder a los soviets". Sólo un partido graníticamente unido, bajo una dirección única, con los conceptos del centralismo democrático, y con una estrategia y táctica clara, precisa y bien delimitada se puede llegar a la conquista del poder, de lo contrario, es imposible en condiciones normales.

Después, cuando el Partido Bolchevique, se convirtió en Partido Comunista de la Unión Soviética, continúo el desarrollo de esta organización que se convirtió en el dirigente del socialismo real. Sin este instrumento político de vanguardia no se hubiera podido construir tantos años de socialismo con el éxito que se logró en todos los asuntos de la vida de esta sociedad que demostró al mundo un nuevo y diferente sistema contrapuesto al capitalismo.

CAPÍTULO X

POLITICA INTERNACIONAL DE LA URSS. LA EXISTENCIA PACÍFICA

La política internacional de la URSS parte del criterio leninista acerca de la autodeterminación de los pueblos. Desde el triunfo de la revolución rusa en 1917 la conducta exterior de la URSS se basó en el respeto mutuo y en las relaciones pacíficas, aun cuando era asediada y hostigada desde posiciones de fuerza por los Estados Unidos, Alemania e Inglaterra.

El concepto de la coexistencia pacífica significa precisamente, mantener relaciones de paz con las distintas naciones, existiendo focos de guerra en diferentes lugares del mundo.

En todo el período de la guerra fría, después de finalizada la Segunda Guerra Mundial con el triunfo de la URSS sobre la Alemania fascista, el gobierno de la URSS se mantuvo en las posiciones del pacifismo porque esa fue siempre su conducta internacional, a diferencia de los gobiernos de Estados Unidos, que siempre han demostrado el guerrerismo de gran potencia contra otras naciones, motivados por su ansia de poder económico, fundamentalmente contra los países poseedores de petróleo.

La política exterior siempre ha tenido relación directa con el desarrollo de la ciencia y la tecnología. Después de la segunda guerra mundial y en nuestros días la influencia de la ciencia y la tecnología se extienden a un nivel más profundo y posiblemente más importante por sus consecuencias totales para la humanidad, ya que también predicen varios cambios posibles en la fuerza y productividad de los estados en función de la conquista sobre la naturaleza y del bienestar y potencial humano. El mismo poder científico y tecnológico que influyó en aquella creciente pluralismo del poder militar también puede fortalecer y estabilizar una pluralidad política y económica por medio de su contribución al aumento de los potenciales productivos de las naciones, y, aún más significativamente, al acrecentamiento del bienestar individual de sus ciudadanos.

Por último, aquellos aspectos más profundos de la ciencia que entrañan la búsqueda pura de la verdad acerca del mundo natural, podrían muy bien inspirar en los hombres, respuestas intelectuales, emocionales y espirituales comparables en nuestra época a aquellas que caracterizaron de manera tan sensacional la revolución científica de Europa Occidental hace trescientos años. No es exagerado afirmar que el verdadero futuro político del mundo de aquí en adelante, puede depender en gran medida del éxito en dos frentes: la unión de las fuerzas del mundo en entidades más amplias, que si bien muy flexibles políticamente pueden aportar sus importantes fuerzas morales, intelectuales y políticas, para influir de manera muy eficaz en la configuración y custodia del futuro, y la transición de muchas de las nuevas naciones hasta el punto en que puedan hacer sus propias opciones políticas con el criterio responsable de la madurez. En estos dos frentes la ciencia y la tecnología representan papeles de importancia, porque no sólo se acepta hoy que encierran en gran medida claves importantes para la riqueza y poder en el mundo, sino que es asimismo evidente, que la ciencia, por su propia naturaleza, puede ser una de las actividades humanas más internacionales, puesto que se ocupa del conocimiento y del entendimiento que de por sí trasciende tanto las fronteras naturales como las trazadas por la mano del hombre, y del control y utilización de las fuerzas naturales, cuyo despliegue común y cuyo usufructo de beneficios pueden proporcionar importantes lazos de unión entre los estados. Expresamos estos puntos de vista porque para establecer el principio de la coexistencia pacífica, hubo necesidad de que la URSS desarrollara la ciencia y la tecnología que ayudaron a la construcción de armas nucleares que mantuvieron el equilibrio de fuerzas con los Estados Unidos, y que éste no intentara el ataque militar contra la ex Unión Soviética. La coexistencia pacífica pudo lograrse porque el socialismo real tuvo la fuerza militar para defenderse del militarismo guerrerista de las transnacionales y los gobernantes de los Estados Unidos.

La coexistencia pacífica practicada por los gobiernos soviéticos en ningún momento significó contemporizar y ponerse de acuerdo con el imperialismo como decían algunos enemigos gratuitos de la URSS desde posiciones de la izquierda.

Quería decir que el socialismo real podía existir y vivir en el mismo mundo que el capitalismo pero realizando los asuntos de la revolución sin que el imperialismo pudiera afectarlo. Manteniendo las distancias para poder sobrevivir. Desde luego que eso no quería tampoco decir que no se iba a practicar la solidaridad con otros pueblos que estaban realizando la lucha contra sus propias burguesías, o que iba a permitir que los Estados Unidos invadieran a otras naciones. El caso más claro de esta aseveración es la guerra contra Viet Nam. Desde el primer momento, la URSS empezó a ayudar al pueblo vietnamita con armas de todo tipo para que hicieran morder el polvo al ejército norteamericano, como en realidad ocurrió.

La solidaridad del pueblo soviético fue permanente hasta que terminó la guerra. Igual ocurrió con muchos países africanos que mantenían luchas armadas contra sus gobiernos. El caso de Angola es una prueba contundente.

La política internacional de la URSS se caracterizó por la colaboración eficiente con todos los países del mundo especialmente con la Cuba de Fidel Castro.

CAPÍTULO XI

CONTRADICCIÓN FUNDAMENTAL DE LA ÈPOCA: IMPERIALISMO VERSUS SOCIALISMO

Alrededor de este tema, de dividieron los revolucionarios del mundo en dos corrientes diametralmente opuestas: los que estaban a favor de las tesis soviéticas, se llamaron Pro – Soviéticos; los que pensaban igual que los chinos, conocidos como los Pro – Chinos.

Esto es así, porque los dirigentes del PCUS tenían una concepción y los dirigidos por Mao Tse Tung, tenían otra muy diferente, sobre la contradicción fundamental de la época.

Los dirigentes de los PCUS, como Bruzhniev, Suslov, Pnomariov, Kosiguin, Kirilenko, planteaban la cuestión de la siguiente manera: "La contradicción fundamental de la época consiste en la lucha entre el capitalismo mundial y el socialismo realmente existente". Esto es lógico porque los dos sistemas diametralmente opuestos existentes en el mundo son el socialismo representado por la ex URSS y el imperialismo representado por los Estados Unidos de Norteamérica. La lucha se da entre estos dos sistemas, aunque en esta aparezcan otras fuerzas que también pelean contra la dominación extranjera.

Los dirigentes del Partido Comunista de China representados por Mao Tse Tung, Shou En Lai, Tong Sio Pin expresaban, por el contrario, lo siguiente: "La contradicción fundamental de la época consiste en la lucha de los países del tercer mundo contra el capitalismo mundial".

Cuando los chinos se refieren al tercer mundo toman en cuenta a las colonias y a los países llamados subdesarrollados.

Es desde todo punto de vista erróneo considerar que las fuerzas en el mundo se dividen entre el imperialismo representado por los Estados Unidos y los países del Tercer Mundo. El desarrollo de estos países es incipiente y son influidos y manipulados por los gobiernos de Estados Unidos que con una supuesta "ayuda" financiera se aprovechan de las riquezas naturales que estos poseen.

Otra cuestión importante que hay que destacar es el hecho de que los dirigentes chinos solo planteaban la lucha armada y guerrillera para la toma del poder en cada país. Esta tesis, a todas luces aventurera, llevó precisamente al fracaso a muchos procesos revolucionarios en el mundo.

Al no considerar la maduración de las condiciones objetivas y subjetivas de la ley fundamental de toda revolución, y sólo tomar en cuenta una, violaba la concepción teórica y práctica de todo proceso revolucionario, cayendo, de esta manera en posiciones subjetivas, aventureras y anticientíficas que hicieron fracasar a la revolución en cada país, y produciendo un desgaste en las fuerzas revolucionarias mundiales

Por estas dos argumentaciones China optó por separarse dela Unión soviética convirtiéndose en enemigos del socialismo real.

Demás está decir, que esta separación causó grandes daños a los procesos revolucionarios de todos los países, creándose una confusión entre los revolucionarios, y causando una pérdida de tiempo, pues había que polemizar alrededor del tema para aclarar las concepciones de la revolución mundial.

Los movimientos comunistas se dividieron en dos: los partidos pro soviéticos y los pro chinos, dividiendo de esa manera a la clase obrera y proletariado de cada país. Con esta división de las fuerzas de la revolución se le hizo un enorme servicio al imperialismo y muchos destacamentos pro chinos fueron derrotados por su línea equivocada y el proceso revolucionario se estancó en cada país. Las posiciones aventureras proliferaron y el análisis científico se hizo a un lado para darle paso a la improvisación y al desorden en cada destacamento que luchaba por la toma del poder.

Algunos países socialistas con debilidades teóricas se hicieron al lado de los dirigentes chinos, adoptando una posición de enemistad hacia la URSS y los dirigentes del país, pues se polarizaron las fuerzas a tal grado, que el sectarismo, dogmatismo y el fanatismo ignorante hizo presa de estos partidos disidentes.

Mientras tanto el socialismo soviético continuaba avanzando en lucha cruenta contra el imperialismo y paralelamente apoyando a los partidos comunistas de cada país, intensificando el internacionalismo proletario con enormes aportes financieros, de capacitación de cuadros y a las democracias populares con ayuda económica y militar cuando las circunstancias lo ameritaban.

En América Latina ayudando a todos los partidos comunistas con todo tipo de colaboración y en el caso de Cuba en donde se estuvo a punto de desatar una tercera conflagración mundial.

Los soviéticos apoyaron a Fidel Castro en la crisis del Caribe cuando el gobierno norteamericano estuvo a punto de invadir la isla.

La Unión Soviética puso "la carne en el asador" al colocar cohetes nucleares en Cuba ante el peligro inminente de una invasión. La actitud valiente y solidaria de los soviéticos detuvo los intentos de gran potencia de los Estados Unidos.

En resumen podemos afirmar que los soviéticos tenían toda la razón en su definición del contenido fundamental de la época. El tiempo y los acontecimientos que sobrevinieron dieron la razón al pueblo y gobierno de la URSS, dando un mentís a los chinos que se rezagaron en su construcción del socialismo.

CAPÍTULO XII

CONTRADICCIÓN CON EL PARTIDO COMUNISTA DE CHINAS. TESIS DE MAO

La principal contradicción con los comunistas chinos fue la posición con respecto al contenido fundamental de la época. Fue tan profunda la discrepancia que las relaciones entre ambos partidos se enfriaron y en muchos aspectos rompieron sus relaciones de amistas, con esta posición, el partido comunista de China hizo perder a su pueblo de la valiosa solidaridad soviética y de la colaboración, con técnicos y especialistas en la construcción económica del socialismo en ese gran país.

Pero las discrepancias de ambos partidos empezaron mucho antes debido a las concepciones que Mao sostenía en sus obras escogidas. En sus obras Mao sostenía posiciones teóricas alejadas de la concepción marxista leninista. Su posición nacionalista y las concepciones de gran potencia que le asignaba a China, más que tesis revolucionaria, eran ideas pequeño burguesas y burguesas que desdecía mucho de un líder revolucionario.

Sumando a estas tesis pequeñas burguesas hay que referirse a su conducta rayana en el culto a la personalidad.

Mao consideraba que alrededor de él existía todo. Se consideraba a sí mismo como el gran conductor y artífice de la revolución china, y que sin él no se hubiera logrado esta victoria. Su persona, la antepuso al partido y al pueblo chino, por lo que se cometieron múltiples errores en la construcción del socialismo en ese país.

De igual manera que el culto a la personalidad de Stalin hizo estragos en la URSS, Mao Tse Tung, siguió sus pasos cometiendo los mismos errores en China.

Los excesos del culto a la personalidad de Mao, llevó al asesinato y a la "purga" de muchos militantes del partido y ciudadanos chinos.

Su pensamiento y su conducta personal se imprimieron en toda la vida social del gigante de oriente. El librito rojo en donde se exponía todo el pensamiento maoísta coartaba al pueblo a que pensara. Todo estaba dicho por el "gran jefe". A la par con ello se llegó a la revolución cultural en donde se negaba todo lo creado por la humanidad y se quemaban las obras de los clásicos de la literatura y del pensamiento.

Por si esto fuera poco, la esposa se convirtió en la portavoz del gran líder tomando decisiones por encima de la dirección colegiada del partido. En fin el partido no decidía ni tomaba parte en las grandes decisiones, pues todo lo dirigía Mao.

En cuanto a la construcción económica del socialismo en China se cometieron múltiples errores por la situación de pobreza de su gran población y la necesidad imperiosa de crear la seguridad alimentaria de tantos millones de personas.

En el proceso de construcción del socialismo se quemaron etapas violando arbitrariamente el proceso dialéctico de los planes económicos.

La teoría del Gran Salto de Mao provocó el débil desarrollo del país a tal grado que el porcentaje socialista en las estadísticas era inferior a la de los otros sectores representados por la economía feudal y capitalista.

No se respetó pues el paso dialéctico de lo cuantitativo a lo cualitativo.

Mientras tanto el pueblo chino vivía en la pobreza y no satisfacía con la producción, las necesidades de subsistencia de la nación. Esta situación hizo que se fortalecieran las relaciones capitalistas, quienes fueron ganando la batalla de la producción. El socialismo chino y su partido fueron desapareciendo hasta convertirse en aliado económico de los países capitalistas.

En muchos casos hicieron alianzas con el imperialismo en contra de la ex URSS. Como miembro permanente de la ONU ha tenido posiciones en contra de los procesos revolucionarios.

En su posición prepotente y de gran potencia trata por todos los medios de crear situaciones de guerra en contra de la China Nacionalista poniendo al mundo al borde de la guerra termonuclear, lo que los identifica como enemigos de la paz.

Actualmente han desarrollado aspectos de su economía como las maquilas y comercian con todo el mundo pero desde posiciones del capitalismo.

Siempre su gobierno ha querido convertir a china en una potencia hegemónica y competir con el imperialismo.

El socialismo chino, a nuestro juicio fracasó por la aplicación incorrecta de las leyes del socialismo, por parte de sus dirigentes. Hoy se habla de una China con economía capitalista y compitiendo con otros países desarrollados.

Las contradicciones de los soviéticos tienen su base en las concepciones erróneas de Mao Tse Tung que claudicó al final, después de haber dirigido la revolución.

Incompatibilidad de principios en la aplicación práctica de la economía, culto a la personalidad y la tesis particular del contenido fundamental de la época son la base de las contradicciones insolubles y antagónicas con los dirigentes chinos.

Hay que hacer notar, que la mayoría del movimiento comunista mundial estuvo de acuerdo con las posiciones teóricas del PCUS por considerarlas lógicas y correctas, lo que aisló en gran medida, a los chinos, dejándolos con problemas insolubles en lo interno. El dogmatismo y las actitudes de gran potencia de los dirigentes chinos hicieron más difícil la lucha del socialismo contra el imperialismo, causando graves daños a los pueblos del mundo.

CAPÍTULO XIII

LAS REVOLUCIONES ANTI-IMPERIALISTAS EN AMERICA LATINA

En 1945 cincuenta y un países firmaron la carta de las Naciones Unidas. En septiembre de 1961, la ONU alcanzó la cifra de cien miembros al ser admitida Sierra Leona. En mayo de 1963, con el ingreso de Kuwait, el número de miembros llegó a no menos de ciento once. Este crecimiento precipitado es un vivo testimonio del peso y dinamismo de las nuevas naciones del mundo ahora y para el futuro.

Las naciones menos desarrolladas comprenden aproximadamente dos quintas partes de la población del mundo. Su territorio incluye alrededor de un tercio de la población del globo. Por su población, territorio e influencia política representan uno de los elementos en el concierto internacional.

El ingreso medio per cápita de la población de estas nuevas naciones varía de unos cincuenta dólares a un poco más de cien dólares anuales en contraposición con la situación de personas que viven en el mundo industrializado de Europa, América del Norte, Australia y las regiones adelantadas de la América del Sur y de África del Sur, con un ingreso per cápita de alrededor de mil dólares por año. Para la mayoría de estos pueblos sus abrumadoras necesidades son, concretas y reales. El control del hambre, la conquista científica de las enfermedades epidémicas, el desarrollo elemental de los recursos naturales, son imperativos obvios. Estos países experimentan la más aguda necesidad de tecnología avanzada y adecuada.

Sus requerimientos científicos deben dirigirse casi exclusivamente a su aspecto pragmático, pero, sin olvidar, que si dichos requerimientos son satisfechos, con cierto grado de éxito en el futuro, ellos querrán participar en la continuada revolución científica del vasto mundo que se extiende más allá de sus fronteras. Cuando ello ocurra, el problema de proporcionar eficaz ayuda técnica y científica puede llegar a ser aún más sutil de lo que es actualmente y será aún más crítico y decisivo.

América Latina forma parte en la ONU de estas naciones con atrasos y dificultades que necesitan cambiar sus estructuras para ponerse a tono con el desarrollo industrial de los países ricos. La penetración imperialista de las transnacionales y monopolios norteamericanos en la mayoría de las naciones de América Latina fue creando las condiciones económicas y sociales de los procesos revolucionarios antimperialista del subcontinente que en la década de los años 70 y 80 proliferaron en muchos países bajo la forma de movimientos armados urbanos y rurales que en la mayoría de los casos fracasaron a excepción de Cuba.

El antimperialismo de los pueblos de Latinoamérica tiene causas profundas y concretas cuya base es la violación de la soberanía, la explotación económica de los recursos naturales y la dominación en todas sus formas que ha mantenido el atraso económico, político y social, la dependencia que es un freno para el desarrollo nacional de las fuerzas productivas y relaciones de producción de cada país que sufrió las consecuencias de la penetración norteamericana. Este antimperialismo ha sido la causa fundamental de que los pueblos se levanten de diferentes formas contra sus gobiernos reaccionarios dominados por el imperialismo.

Algunos procesos revolucionarios fracasaron debido a la aplicación incorrecta de la teoría revolucionaria planteada por Marx, Engels y Lenin y la experiencia de la Revolución Rusa. El desconocimiento de la Ley Fundamental de la Revolución que toma en consideración las condiciones objetivas y subjetivas de una formación económica social, no se cumplieron en la práctica, y por el aventurerismo y el dogmatismo fracasaron todos los intentos guerrilleros con la pérdida de muchas vidas valiosas. Si hablamos de revoluciones antimperialistas en América Latina, la única triunfante fue la revolución cubana que inició con guerrillas en las montañas. Después del asalto al Cuartel Moncada que se considera un levantamiento armado de carácter urbano.

Este proceso revolucionario se consolidó al terminar con el poder de la burguesía y extirpar la propiedad privada sobre los medios fundamentales de producción. Posteriormente, con los años se convirtió en Revolución Socialista en las mismas barbas del coloso del norte.

El ejemplo de la Revolución Cubana ha sido decisivo para incentivar los procesos revolucionarios en los demás países del continente. El bloqueo marítimo y aéreo de los Estados Unidos contra la Cuba Socialista fue cruel a tal grado que tuvo que intervenir la Ex Unión Soviética para evitar la invasión militar a la pequeña isla del Caribe.

La década del sesenta estuvo seguida por los intentos norteamericanos de asaltar el poder revolucionario, poniendo en serio peligro la paz mundial.

Sumado a esto las discrepancias chino soviéticas dificultaban el desarrollo de los procesos revolucionarios latinoamericanos. Las posiciones teóricas de los chinos fueron asumidas por algunos movimientos que quemaron etapas, fundamentalmente el aspecto subjetivo que correspondía a elevar la conciencia política y revolucionaria de las masas. El otro aspecto que se violaba era el referente a la organización de la clase obrera y de los campesinos.

La idea de implantar mecánicamente la lucha guerrillera en algunos países desembocó en la derrota de los movimientos alzados en armas. No existía organización, ni los elementos necesarios, ni armas para oponerse a los ejércitos bien pertrechados de cada país. Las revoluciones antimperialistas de América Latina perdieron su fuerza, a excepción de Cuba por la errónea aplicación de las formas de lucha en los momentos de ebullición antimperialista.

CAPÍTULO XIV

PELIGROS DE UNA TERCERA GUERRA MUNDIAL COHETES NUCLEARES EN CUBA. GUERRA FRIA

El mundo se vio en peligro de una tercera guerra mundial en 1960, por la agresión manifiesta de los Estados Unidos a Cuba. El gobierno de los Estados Unidos y las transnacionales pensaron que iban a doblegar fácilmente al pueblo cubano con el boqueo y con amenazas y provocaciones de todo tipo. Esta dificultad los llevó al borde de la tercera conflagración mundial pues el gobierno de la ex Unión Soviética dirigido por Krushev decidió colocar sus cohetes nucleares en la isla para defenderla de la agresión imperialista.

En aquellos momentos se sentían los disparos de las ojivas nucleares por la actitud belicista del gobierno norteamericano que no toleraba la presencia del socialismo cubano en sus propias barbas.

La actitud serena e inteligente de los soviéticos que no se dejaron intimidar hizo retroceder a los guerreristas ante la presencia de los cohetes nucleares rusos enclavados en territorio cubano.

El alegato de Nikita Slerguievich Kruschiev en la ONU hiso retroceder al gobierno norteamericano en su actitud guerrerista.

Los que vivimos en esa época recordamos a Kruschiev golpeando con sus zapatos solicitando la palabra que no se la querían conceder para argumentar sus razones solidarias con Cuba.

En los momentos más difíciles para la naciente revolución cubana dirigida por el Comandante Fidel Castro, los soviéticos pusieron a prueba su internacionalismo y solidaridad y gracias a su apoyo los intentos de aplastar al nuevo sistema enclavado en el Caribe, se neutralizaron, porque Cuba ya no estaba sola, contaba con todo el apoyo de la ex Unión Soviética y del campo socialista.

A pesar de esta peligrosa experiencia, los cuerpos de inteligencia de Norteamérica especialmente la CIA no han dejado de provocar y planificar atentados contra el máximo líder de la revolución cubana, Fidel Castro, en su tenaz deseo de liquidar este proceso revolucionario.

La crisis del Caribe, con la presencia de cohetes nucleares soviéticos en territorio cubano para demostrarle fuerza al imperialismo, ha sido en la historia moderna, la situación más peligrosa del estallido de una tercera hecatombe mundial. Ni la guerra en Irak, mucho menos la situación conflictiva entre Israel y los países árabes, ni los intentos de Corea del Norte de desarrollar armas nucleares y la guerra en Afganistán, pusieron en peligro al mundo como la crisis del Caribe de los años 60 del siglo pasado. En tan peligrosa situación desempeñó un importante papel la política internacional de la URSS de coexistencia pacífica.

Esta estrategia internacional de convivir con el sistema capitalista era correcta pues el socialismo avanzaba y otros pueblos con el apoyo soviético realizaban sus procesos revolucionarios.

Desde ningún punto de vista, como opinaban los ultraizquierdistas, la coexistencia pacífica significaba transigir con el capitalismo. Por el contrario, la lucha se daba en todos los campos y el socialismo era un paradigma para todos los pueblos del mundo.

La confrontación directa con el imperialismo norteamericano y alemán no era la posición más inteligente, ni beneficiosa, para las revoluciones antimperialistas de África, Asia y América Latina. Podrían suscitarse guerras locales promovidas por el imperialismo contra los países del tercer mundo, cuya causa era la obtención de riquezas y recursos naturales especialmente en el petróleo, pero éstas, por lo general resultaron un fracaso para Norteamérica y éxitos grandiosos para los países intervenidos.

La guerra en Vietnam, ocasionada por los gobiernos norteamericanos, constituyó el caso más ejemplar de estos fracasos. En ningún país del mundo el imperialismo norteamericano metió tanto poder armamentista y militar como en Vietnam del Sur, y a pesar de las pérdidas sufridas por este valeroso pueblo asiático, salió triunfante de esta guerra con recursos muy limitados ante el poderío armamentista del ejército norteamericano que "mordió el polvo" ante un ejército con menos capacidad armamentista pero con un valor indomable y amor a su patria por la que ofrendaron su vida miles de ciudadanos vietnamitas.

El resultado favorable de los vietnamitas demostró a los ilusos e incrédulos del acierto de la política de coexistencia pacífica del gobierno soviético.

Posteriormente a la crisis del Caribe con los cohetes soviéticos en Cuba, el imperialismo norteamericano adoptó otras formas de atacar a la revolución y sobrevino el período de la guerra fría.

En esta etapa histórica los gobiernos de Estados Unidos encabezados por Lindon Jhonson, Jimmy Carter, John F. Kennedy, George W. Bush, padre e hijo, Bill Clinton, establecieron el bloqueo criminal a la revolución cubana en el aspecto económico y comercial. La mayoría de los países capitalistas del mundo se plegaron a los designios del imperialismo norteamericano y aplicaron el boicot, creyendo que con esa política terminarían con el socialismo cubano. Desde luego que crearon infinidad de dificultades al proceso revolucionario pero la ayuda de algunos países europeos, los países no alineados y la comunidad socialista, Cuba logró sortear las consecuencias negativas del boicot.

Con la guerra fría, Estados Unidos, aprobó medidas internacionales draconianas, favoreció a los gobiernos dictatoriales, apoyó a la reacción de África, Asia y América Latina a combatir a los procesos revolucionarios antimperialistas, sin descuidar la actividad de quinta columna de la CIA en los países socialistas y concretamente en la URSS. Esta actividad con el tiempo, les dio resultados, dando al traste con el socialismo soviético y los demás países que conformaban las democracias populares. En cierta medida, la guerra fría, preparó algunas condiciones para el triunfo del capitalismo mundial.

CAPÍTULO XV

PELIGROS OCASIONADOS POR EL CULTO A LA PERSONALIDAD EN EL SOCIALISMO

A) PERIODO STALINISTA

El culto a la personalidad es una de las conductas más peligrosas y nocivas de cualquier líder político de un partido o país. Consiste en la adulación hasta el absurdo del jefe o dirigente. Esta adulación degenera en la persona hasta llegar a considerarse un dios o un sabelotodo. El dirigente se considera indestructible, imprescindible y el que todo lo puede.

El culto a la personalidad de Stalin, Marx y Kruschiev en menor escala, ocasiona profundos daños a la ex - Unión Soviética y a la China Popular.

El Partido Comunista pierde con el culto a la personalidad la dirección colectiva y la democracia interna y el líder se convierte en una especie de dictador.

El ejemplo más claro del culto a la personalidad se dio en la ex – Unión Soviética con José Stalin de la República de Georgia en el sur de Rusia.

Stalin fue el sucesor de Vladimir Ilich Lenin en la dirección del Partido Bolchevique de Rusia. Antes de morir, Lenin, dio su opinión a la dirección del partido, acerca de las debilidades en la conducta personal de Stalin. Lenin consideraba que José Stalin era arbitrario, prepotente, vanidoso y que por ello había que ayudarlo si consideraban elegirlo como Secretario General del Partido. Que paralelamente era capaz, buen dirigente y firme en sus convicciones.

En sus apreciaciones sobre Stalin el fundador del primer Estado Socialista del mundo no se equivocó. Al morir Lenin, Stalin tomó las riendas del Partido Bolchevique y le tocó dirigir en los primeros años del poder, en los que hubo que terminar con las armas con los enemigos internos. Todos estos éxitos envanecieron a Stalin y poco a poco fue adquiriendo una conducta proclive al culto de la personalidad.

Su megalomanía fue causa importante en la comisión de muchos errores en la construcción del socialismo y en la defensa del Estado Soviético.

El culto a la personalidad de Stalin dio como resultado el asesinato de miles de comunistas que en su afán de corregir los errores hacían críticas al máximo líder con las consecuencias de recibir represalias incluidas la muerte. Como lo adulaban y fomentaban su debilidad se rodeó de elementos nocivos y negativos que alimentaban su ego con chismes e inventos para que reaccionara violentamente contra sus mismos camaradas que no eran bien vistos por su sequito de amigos que lo rodeaban.

En estas acciones negativas jugó un papel importante el jefe de la KBG (Policía secreta) Beria, que jugaba un papel de agente infiltrado del imperialismo inglés. Por informaciones falsas de Beria, que manejaba todo tipo de información, por ser el jefe de la Seguridad del Estado, Stalin, sin escuchar otras opiniones, actuaba en contra de militantes del partido, a los que mandó a fusilar sin las pruebas correspondientes.

Se conoce, por informaciones de comunistas soviéticas que en un arrebato de cólera, Stalin le disparó a su esposa, asesinándola.

En el inicio de la Segunda Guerra Mundial, Stalin recibió informaciones de un doble agente, el Dr. Sorgue, de origen ruso alemán, desde este último país, que sería atacado por el ejército del gobierno alemán y la fecha exacta en que estos lo harían, pero éste no tomó en consideración tan valiosa e importantísima información, y tomaron al pueblo soviético, por sorpresa. De haber escuchado la información, el Ejército Rojo hubiera tomado medida defensivas con el tiempo necesario.

La invasión nazi fue sorpresiva y con la fuerza necesaria para doblegar a un país, pero no contaron con la resistencia tan valerosa del pueblo soviético apoyando a un ejército patriota que defendía su soberanía y al socialismo mundial.

Cinco años duró la invasión hasta que tuvieron que retirarse ante el embate y la estrategia que retirarse ante el embate y la estrategia del "resorte" que utilizaron los militares soviéticos de dar la impresión de que retrocedían, pero que en realidad era un treta para que los alemanes los siguieran hasta territorio en el que prevalecía un invierno muy frío y nevado. Las consecuencias de la invasión fascista comandada por Hitller, Goereing y Groebels, fueron desastrosas pues además de las pérdidas materiales de infraestructura se perdieron veinte millones de vidas humanas en los ataques aéreos y terrestres, y el holocausto en las cámaras de gas y en los campos de concentración.

Claro está, que el fascismo alemán fue derrotado por el pueblo soviético y el Ejército Rojo, bajo la dirección de Stalin. Las hordas hitlerianas fueron aplastadas militarmente, hasta llegar el Ejército Rojo a Berlín en donde el nazi fascismo depuso las armas después de tantos crímenes de lesa humanidad.

Después de derrotado el fascismo vino el período de restauración y reestructuración de la sociedad socialista. La tarea de restituir tantas ruinas fue dura y difícil, pero lo que nunca puede volver son los millones de vidas humanas que se perdieron de la noche a la mañana, y que los familiares lloran y recuerdan con nostalgia y dolor.

El espíritu estoico y valeroso de los soviéticos logró que después de tantos destrozos la URSS se levantara y surgiera como una potencia mundial que equilibró las fuerzas en la palestra internacional.

Se desarrolló la ciencia y con ella la tecnología y los soviéticos empezaron a incursionar en el espacio enviando naves tripuladas y desarrollando la producción de armamentos para no quedarse a la zaga en la competencia con el imperialismo norteamericano. A la par de esto, los soviéticos practicaron internacionalmente la política de la coexistencia pacífica entre dos sistemas diferentes.

En conclusión, es cierta la tesis, de que el culto a la personalidad de Stalin, ocasionó dificultades, problemas y retrasos a la construcción del socialismo en la URSS.

B) PERÍODO DE NIKITA SERGUIEVICH KRUSHIOV

Con la dirección de Nikita Kruschieov en el partido y en el Estado Soviético se imprimió un nuevo estilo y forma de dirigir la sociedad socialista.

El propósito era borrar todas las secuelas del culto a la personalidad que imprimió Stalin al Socialismo Real. Se liberalizó y democratizó la vida de la sociedad y el pueblo podía expresar sus opiniones sin temor a represalias aunque el ciudadano desconfiaba del cambio.

Nikita Kruschiov era un veterano de la Segunda Guerra Mundial originario de Ukrania una de las 15 repúblicas de la ex – Unión de Repúblicas Soviéticas Socialistas. De origen obrero, pues de dedicó a trabajar en las minas de su país. Fue el sustituto de Stalin, y el Comité Central del PCUS lo consideró el más idóneo para sustituir a Stalin y darle un viaje positivo a la dirección del Estado Socialista Soviético en vista de que existían muchas cuestiones negativas en su desarrollo.

Bajo la dirección de Kruschiov se pusieron en práctica los planes quinquenales de la economía. Con estos planes se ponía la sociedad soviética a trabajar en cada rama de la producción, en la industria como en el agro. Los planes quinquenales aprobados por los congresos del PCUS eran los instrumentos principales del desarrollo económico y del cumplimiento de las metas planteadas en el plan quinquenal.

En el período de gobierno de Nikita Sierguevich Kruschiov, se celebraron el XXII y XXIV Congreso del PCUS que constituyeron jalones importantes en la producción de bienes materiales en la economía soviética.

El XXII Congreso del PCUS, fue el que imprimió cambios profundos en la vida del pueblo soviético que empezaba a levantarse de las consecuencias negativas de la era estalinista.

La coexistencia pacífica, el desarrollo de la ciencia, los vuelos espaciales, la carrera de armamentos, la crisis del Caribe, el rompimiento y polémica con los dirigentes chinos y el surgimiento de movimientos antimperialistas en África, Asia y América Latina, fueron situaciones y acontecimientos que le tocó enfrentar a Kruschiov y sus compañeros de dirección en el PCUS y salir airoso en cada uno de ellos.

Comienza la URSS a convertirse en potencia mundial por su desarrollo económico y el adelanto técnico científico que sirve para incrementar y desarrollar los viajes espaciales.

Inicia la era espacial con los vuelos de Juri Gagarin y Valentina Tereshokova que iniciaron el conocimiento del espacio. Paralelamente los norteamericanos emulan con los astronautas soviéticos que iban a la vanguardia en los viajes espaciales.

A estas alturas del tiempo resulta difícil recordar aquel 6 de agosto de 1961 en que el mayor German Stepanovich Titov realizó 10 vueltas y media en torno de la tierra a una velocidad de 20,000 kilómetros por hora, describiendo una trayectoria elíptica que lo llevó a una altura máxima de 178 kilómetros en la estratósfera y a una máxima de cerca de 260 kilómetros. Durante 25 horas y 18 minutos Titov viajó por regiones hasta entonces inexploradas y soportó un prolongado estado de suspensión por ingravidez, conocido hasta ese momento tan sólo como experiencia relativamente efímera por un puñado de hombres en toda la historia de la humanidad. Cuanto Titov se lanzó finalmente fuera de su vehículo de 4 ½ toneladas y descendió en paracaídas a la tierra, había establecido un récord elevado para ese momento en la exploración espacial. Ese récord por supuesto, fue superado pronto y más especialmente, por los propios rusos. Desde el vuelo del Vostok II se realizaron los viajes espaciales de los astronautas norteamericanos Shepard y Grissom, Glenn, Carpentier, Shitta y Cooper y los rusos Nikolaiv y Popovich.

Finalmente el 13 de junio de 1963 se realizó la hazaña más sorprendente de todas tanto por su calidad sensacional como por la gran resistencia que exigía el "doble" vuelo ruso del teniente coronel Valery Vikovsky y de la subteniente Valentina Tereshkova, la primera mujer que se internó en el espacio.

Pero en el vuelo del Vostok II hubo diversos hechos de particular interés, aparte de la osadía demostrada por el hombre y de la inventiva y potencia impresionante que demostró la hazaña. Uno fue la elección del momento y su perfecta sincronización con los acontecimientos ulteriores.

Una semana más tarde el 13 de agosto, se cerró la frontera de Berlín Oriental, veinticinco días después, el 31 de agosto, la URSS anunció la reanudación de sus pruebas nucleares; el 1º de septiembre se reunía en Belgrado la Conferencia de los Países No Alineados. En esa misma fecha el mayor Titov, al hablar ante una gran multitud de ciudadanos de Berlín Oriental en la Plaza Marx Engels, señaló que los cohetes que lo habían llevado al espacio exterior podían transportar igualmente cabezas nucleares de torpedos y descargarlas en cualquier parte del globo.

Por último, como acto final, y antes de ser encerrado en su nave espacial, el mayor Titov dedicó al vuelo que iba iniciar el 22 Congreso del Partido Comunista programado para el mes de octubre de ese año.

Tales coincidencias subrayan con más fuerza las lecciones demostradas por la historia y el carácter distintivo de los logros espaciales soviéticos desde aquel día de octubre de 1957 en que el primer satélite fue puesto en órbita.

Estas coincidencias respaldan la observación de que las conquistas técnicas sobresalientes pueden tener extraordinaria importancia para cimentar la solidaridad de un pueblo, aumentar su confianza y reforzar su orgullo, su entusiasmo, su sentido de identidad nacional.

Esta es una lección que pone fuerza y validez especial en el contexto de la ciencia de Europa Occidental. La era espacial dio un gran impulso al desarrollo del socialismo real de la URSS.

C) PERIODO DE LEONID ILICH BRIESHNLER

La administración gubernamental y del Partido terminó para Kracchiov cuando empieza a surgir culto a la personalidad de su figura política. Empezaron a aparecer los errores en la conducción estatal y, a tiempo, el Comité Central del PCUS tomó las medidas pertinentes para sustituirlo y evitar los mismos yerros ocurridos en la era de José Stalin.

Después de muchas discusiones, la dirección partidaria eligió a Leonid Ilich Briezhniev como Secretario General del Partido y Jefe del gobierno.

Bajo su dirección, Briezhniev continuó impulsando los planes quinquenales para desarrollar la economía, la ciencia y la tecnología y los viajes al espacio que dieron fuerza al socialismo real de los soviéticos. La política internacional continúa manejándose bajo la estrategia de la coexistencia pacífica y la distancia con los chinos se hizo más grande por la actitud sectaria y de gran potencia de éstos.

En el período de gobierno de Leonid Ilich Briechniev proliferaron los movimientos guerrilleros en América Latina y en África, la presencia de Cuba en algunos países africanos, principalmente en Angola; y la aventura del Che Guevara en Bolivia.

Los procesos revolucionarios en América Latina estaban a la orden del día.

Se planteaba por los movimientos guerrilleros la teoría de Regis Debré del "foco" que consistía en crear un pequeño grupo armado para que éste se desarrolle y se convierta en un movimiento fuerte. Tal criterio no tenía nada que ver con la teoría marxista leninista que es opuesto a la aventura y a la improvisación.

Por su falta de cientificidad y seriedad, la teoría del francés Regis Debré fracasó en todos los países donde se aplicaron mecánicamente estas teorías. Incluso el comandante de la Revolución Cubana Ernesto Che Guevara perdió la vida con sus compañeros en su proyecto de crear el foco guerrillero en Bolivia, aún en contra de la posición del Partido Comunista boliviano.

Además de estos hechos ya existían los tupamaros y montoneros en Argentina y Uruguay que secuestraban personas adineradas, asaltaban bancos y amasaron cuantiosas fortunas para sostener sus movimientos armados.

En Venezuela siempre existió un movimiento guerrillero que jamás pudo triunfar pues en ese país no existían las condiciones objetivas y subjetivas para lograr la victoria. Su partido en la legalidad era el Movimiento al Socialismo, MAS, dirigido por los hermanos Pethof.

En Colombia el movimiento guerrillero todavía existe y siempre tienen escaramuzas con el ejército colombiano. Es recordado el jefe veterano Marulanda Vélez, "Tiro Fijo", por su puntería, que no vio coronada por el triunfo su hazaña de enmontañarse pues avanzado de edad lo sorprendió la muerte. El movimiento guerrillero colombiano llamado FARC ha tenido fama por sus enfrentamientos y por el secuestro de periodistas, extranjeros y personalidades políticas de Colombia.

En Guatemala los grupos armados llegaron a firmar acuerdos con el gobierno y depusieron las armas. La lucha fratricida de estos movimientos ocasionaron muchos muertos entre los indígenas, tal es el caso de la señora Menchú que perdió a toda su familia y que por su lucha le confirieron el Premio Nobel de la Paz. De nada sirvió tanto esfuerzo y pérdida de vidas pues la situación en este país continúa en manos de la burguesía y de los empresarios. En Guatemala también los distintos movimientos como el Ejército Guerrillero de los Pobres, ERP, realizaron secuestros alentados de todo tipo, en el que perdieron la vida valiosos compañeros entre ellos Otto René Castilla, poeta de grata recordación.

Guatemala experimentó los gobiernos militares más dictatoriales después de haber tenido en proceso antiimperialista como el de Jacobo Arbenz Guzmán.

El movimiento Farabundo Martí en el Salvador después de tantas luchas con las armas en la mano, al no lograr el poder por esta vía, tanto derramamiento de sangre, y se convirtió en partido político, participando en el proceso electoral, ganando las elecciones que lo mantiene en el poder hasta el día de hoy. Aquí, en este pequeño país centroamericano, se dio la situación de "empate" entre las fuerzas guerrilleras y el ejército, razón por la cual se vieron en la necesidad de llegar a acuerdos y restaurar la paz y tranquilidad.

El movimiento Farabundo Martí creció por la alianza de varias fuerzas que se oponían a los gobiernos dictatoriales, incluido el Partido Comunista Salvadoreño. Es necesario destacar en esta cruenta lucha a Jorge Shafick Handal, Secretario General del Partido Comunista de ese país, que tanto en la ilegalidad como en la vida legal desempeñó un digno papel de revolucionario a carta cabal. También es importante recordar al poeta roque Dalton al cual le quitaron la vida sus propios compañeros.

El Movimiento Sandinista a través de las armas y derrotando a Somoza con su dictadura, llegó al poder, pero no pudo conservar ese país por errores y la fuerza de la oposición y fueron derrotados en elecciones por Violeta Chamorro gracias a la labor de quinta columna del imperialismo norteamericano.

El Movimiento Zapatista en México, puso en jaque al gobierno por la injusticia y arbitrariedad en contra del movimiento campesino. Este movimiento, hizo de la lucha por la tierra su estrategia y táctica dirigida por el Comandante Marcos, pero tampoco aquí los partidos burgueses fueron derrocados.

Los cinchoneros en Honduras, no llegaron a conformar un grupo fuerte porque carecían de todo lo necesario para enfrentarse al ejército. En América Latina solo la revolución cubana fue y sigue siendo triunfante.

Reconocemos el apoyo soviético a todos estos movimientos.

D) PERIODO DE YELSIN Y GORVACHOV

La ancianidad de Briezniev y sus enfermedades mermaron su actividad política y el control sobre la selección de los cuadros de dirección. Además de cierto culto a la personalidad se entronizó la tolerancia y el amiguismo violando las normas disciplinarias de vida del partido, debilitando, con ello, la fortaleza y convicción de la organización.

Muchos dirigentes jóvenes fueron promovidos a altos cargos de dirección y el enemigo externo introdujo sus ideas de romper la unidad y la ideología socialista.

Por no reunir ya las condiciones de un líder y no poder cumplir con sus responsabilidades Briezhniev fue sustituido por Chernenko quien asume el poder del Estado y del Partido.

En esta etapa, algunos dirigentes empiezan a mostrar visos de corrupción. La vida y costumbres de occidente empezaron a penetrar la conducta de algunos dirigentes interesados en amasar fortunas de la noche a la mañana abriendo sus cuentas de ahorro en los bancos de países de occidente. Como desaparece la crítica y autocrítica y el control partidario, los dirigentes más connotados realizan actividades de solaz esparcimiento en países capitalistas. En su deseo desaforado de lujo organizaban zafarís a países de África con sus familias gastando enormes cantidades de dinero que pertenecía al Estado Socialista. La vida de placer, lujo, derroche, se practicó en los últimos años del socialismo soviético.

Esta conducta burguesa fue convirtiéndose en una necesidad en la alta dirigencia del PCUS, a vista y paciencia de toda la militancia del partido que se callaron sin decir "esta boca es mía", permitiendo con esta actitud, el desorden, la anarquía, y el viraje de 360 grados del Partido de Lenin hacia posiciones de derecha con la aquiescencia de los altos dirigentes, que se dedicaban a una vida de exageradas comodidades sin importarles la situación del pueblo que sufría carencias, por el incumplimiento de los planes quinquenales.

En este marco de anormalidades y disminución de la disciplina revolucionaria se nombra a Yelsin, Secretario General del PCUS y Presidente del Gobierno, ante las oposiciones de muchos militantes que opinaban que no reunía las condiciones morales, ideológicas y políticas para ocupar cargos de tan grandes responsabilidades. Y es que Yelsin adolecía de graves defectos personales e ideológicos.

En lo personal era adicto al alcohol y en estas condiciones cometía exabruptos tales como los intentos de suicidio que cometió al cortarse las venas de las manos. El alcoholismo lo llevó a tal grado, que cayó en graves irresponsabilidades y a la pérdida de su autoestima y dignidad. En sus recaídas alcohólicas abandonaba sus funciones y otros miembros de la dirección se veían obligados a realizar sus responsabilidades y tareas perdiéndose de esta manera la coordinación de la dirección estatal y de la dirección partidaria.

Paralelamente, y como consecuencia de la deficiente dirección, el pueblo soviético resentía en lo económico, porque muchas necesidades no eran satisfechas y la base técnico material del socialismo se estancó. Hubo estancamiento en el abastecimiento de la seguridad alimentaria, en la producción de ropa y calzado privándose a la población de cubrir tales necesidades.

Se entronizó en esta formación económica social, el oportunismo de derecha, el abandono de las normas leninistas y la penetración ideológica del enemigo de clase. Muchos nuevos dirigentes del Buró Político y del Comité Central del Partido, empezaron a coquetear con los agentes del imperialismo y se dejaron convencer por el dinero, los privilegios y todo tipo de corrupción.

De esta manera, con Yeltsin se terminaron las conquistas del socialismo real y se abrieron las puertas a la empresa privada, a la ideología burguesa y a la apostasía del marxismo leninismo.

Aquí se inicia el rumbo capitalista del Estado Soviético, gracias a la traición de Yeltsin, Gorvachov y sus acólitos.

Por sus achaques alcohólicos muere Yeltsin y lo sucede en sus cargos Mijaíl Gorvachov, quien se convierte, por su oportunismo, en el enterrador del socialismo real, y por su ejemplo, el derrocamiento del socialismo en las democracias populares que iban a la zaga de la URSS y que estaban muy penetradas por la ideología burguesa.

Con su "slogan" de Perestroika (en ruso, reestructuración), y Glasnosto (Transparencia), la ideología burguesa y revisionista hace añicos las concepciones del socialismo real y la teoría marxista leninista en la Ex – Unión Soviética.

Gorvachov, plantea con la Perestroika y Glasnost, que se iniciaba una reestructuración de toda la sociedad. Concretamente esto significaba, en la práctica, volver a la estructura social del capitalismo y abjurar descaradamente del socialismo. Glasnost (transparencia) no era más que una estratagema para apoderarse de los fondos del gobierno y crear, las empresas capitalistas uniendo los capitales con empresas estatales quebradas y dando lugar al nacimiento de una nueva burguesía con criterios modernos. Desaparece el Partido de Vanguardia y se ven, sus miembros obligados, a irse a la ilegalidad. Actualmente, el Partido Comunista se redujo y participa en elecciones bajo el criterio del parlamentarismo burgués.

En pocas palabras, Yeltsin y Gorvachov son los responsables históricos del derrumbamiento del socialismo real en la URSS. Las alianzas de capitalistas en el gobierno contribuyen a la caída de Mijaíl Gorvachov y surge la era de Patin bajo criterios burgueses.

Al ser defenestrado, sin pena ni gloría, Gorvachov recorre el mundo impartiendo conferencias sobre su Glasnot (transparencia) y Perestroika (Reestructuración) que sirvieron para terminar con el socialismo. La historia no lo absolverá, sino que lo condenará por su traición al socialismo real.

CAPÍTULO XVI

CAIDA DEL SOCIALISMO EN LA EX – URSS.

A) Causas del derrumbamiento en la ex – URSS. Errores.

En este apartado nos referiremos al análisis de algunas causas que contribuyeron a la caída del socialismo real en la ex – URSS. Estas son de origen económico, político, social, moral e ideológico.

En lo económico, hay que destacar el hecho, que la sociedad exigía avances más rápidos en la satisfacción de las necesidades materiales más importantes. El ciudadano de las quince repúblicas soviéticas observaba como los países capitalistas más desarrollados producían mercancías de mejor calidad que las de ellos y siempre añoraron tener ese tipo de productos igual o superior. Aunque no existía hambre ni miseria, pues todos trabajaban, el mejoramiento de la excelencia de las mercancías era imprescindible. Siempre el soviético ambicionaba tener lo que se producía en occidente en todos los rubros económicos. El pueblo necesitaba gozar de un status personal más elevado y criticaban el hecho de que se destinaban muchos recursos a la producción de armamentos en lugar de destinarlos a la producción alimentaria y del nivel de vida. Aunque existían razones, el ciudadano común y corriente no entendía la situación. Se violaba la ley fundamental de toda revolución que consiste en satisfacer las necesidades materiales de las personas. Este descuido de los gobernantes creaba malestar y resentimientos en la población.

El aspecto político tenía relación con el sectarismo y dogmatismo comunista que no consideraba el sentir y pensar de la gente sin partido que era la mayoría. Los sin partido no comprendían muchos aspectos de la política nacional e internacional en el que se gastaban ingentes cantidades de dinero, que según ellos, no se invertía en las necesidades de los soviéticos, para el caso, la ayuda financiera a todos los procesos revolucionarios del mundo.

La política de coacción de los cuerpos coercitivos del Estado que maniataban la libertad de las personas. El aspecto de la libertad de movimiento y de acción era lo que más incomodaba a los soviéticos.

En su concepción política de la lucha interna y externa contra los enemigos, se exageraba violando y atropellando la libertad del pueblo de pensar y actuar libremente.

Socialmente la exigencia principal era elevar el nivel de vida. Salarios más elevados, vivienda adecuada, hospitales de mejor calidad y cortar de tajo con el vicio del burocratismo.

Es cierto que la educación, salud, trabajo, vacaciones, se cumplían a cabalidad, pero el ser humano siempre necesita más.

En lo moral, en la dirección del Estado y del Partido se habían introducido elementos de corrupción al optar, el dirigente, por las satisfacciones de privilegios mayores a los que cada uno disponía. La corrupción en cualquier grado corroe la moral del ciudadano y la sociedad. Pero, lo más lamentable, fue la pérdida del criterio ideológico.

Poco a poco se abandonaron los principios leninistas de vida del partido. Al perder estos valores se fueron adoptando prácticas y opiniones de la ideología burguesa. Los agentes diversionistas del imperialismo aprovecharon esta coyuntura para su labor de "entreguismo" y de quinta columnas en la dirección del partido y en todas las organizaciones e instituciones.

Podemos decir que la ideología se pierde por los errores que aumentaban los sacrificios del pueblo y el gusano de la corrupción. La aplicación de los vicios burgueses por parte de los dirigentes del PCUS, causaron la ruptura de lo que se había logrado en tantos años de socialismo.

La complacencia, tolerancia, exceso de confianza, amiguismo y falta de control y vigilancia fueron las causas fundamentales para que el enemigo penetrara las organizaciones socialistas.

Las causas fueron los vicios de los humanos y no la certeza de la teoría. La teoría del comunismo sigue siendo válida, porque es cierta. En ningún momento puede achacarse a la teoría, la culpa del derrumbe del socialismo real. Fue la actitud y conducta del ser humano, la responsable de esta catastrófica derrota de un sistema social que había reivindicado la razón, la justicia y solidaridad humana. A pesar de todo, el socialismo no ha muerto. Llegará el momento de su resurrección con otras formas y modelos.

B) Consecuencias de la caída del socialismo en la Ex URSS.

Sin lugar a dudas, el derrocamiento del socialismo real significó un duro y mortal golpe en contra de la revolución mundial.

La consecuencia inmediata fue la instauración del capitalismo en territorio soviético y la arremetida del imperialismo contra los demás países socialistas que conformaban las democracias populares. Se vino abajo todo el sistema y el imperialismo pasó a tomar las riendas de los gobiernos de todas estas naciones.

El poder del capitalismo volvió a ser omnímodo en el mundo en vista de la ausencia del socialismo real, lo que hizo perder el equilibrio de la política internacional, dando la oportunidad al imperialismo norteamericano de hacer y deshacer a su antojo en los lugares donde ambiciona sus riquezas y recursos naturales. Los países débiles quedaron desvalidos y a expensas de cualquier intervención militar de los norteamericanos. Se desintegraron la mayoría de los partidos comunistas de América Latina ante el mal ejemplo ocasionado por el derrumbamiento del socialismo soviético.

El criterio popular criticó a todo lo que tuviera visos de comunismo. Los otrora líderes de los partidos marxistas leninistas se aislaron algunos y otros crearon organizaciones progresistas pero con un carácter reformista. Se empezó a censurar a la teoría del marxismo leninismo considerándola estancada, arcaica, inservible, desfasada, derrotada y sin valor alguno. La única realidad es que todos los detractores de la ideología revolucionaria jamás han aportado un tan sólo argumento para desmentir a la doctrina comunista. Cambiaron los nombres de los partidos por el deterioro de la palabra comunismo y los que se consideraron revolucionarios en su época abjuraron de la doctrina por considerarla obsoleta.

En fin, los hechos atestiguan que hubo una desbandada de "revolucionarios" hacia las posiciones del reformismo burgués y algunos a engrosar las filas de los partidos reaccionarios.

La teoría de Marx, Engels y Lenin fue satanizada y tirada "al cesto de la basura", así por así, sólo por los eventos ocurridos en la Ex – Unión Soviética, sin considerar causa ni argumento válido para hacer tal declaración. Aceptamos que los dirigentes soviéticos cometieron infinidad de errores y que las causas de la caída del socialismo obedecen a yerros humanos. Se equivocaron los hombres; Aplicaron incorrectamente la teoría, no la estudiaron ni la aprendieron bien y por ello se equivocaron e hicieron fracasar a la revolución. Pero esto no significaba que la teoría se equivocó, ésta continúa teniendo vigencia y validez y, en ningún momento, falló, por tal razón no ha sido derrotada, volverá a resurgir.

Lo positivo, después del fracaso del socialismo real fue el surgimiento de regímenes progresistas en América Latina que han hecho temblar a las burguesías y al imperialismo norteamericano por la participación activa de los pueblos que se cansaron de tanto avasallamiento y explotación.

Surgió la revolución bolivariana, con Hugo Chávez a la cabeza, en Venezuela, aunque Chávez ya murió, demostró una inmensa capacidad para influir en las masas. La reacción burguesa en este país, con Capriles como punta de lanza, no pudieron jamás vencerlo en elecciones, que siempre ganó, por su carisma y apego al pueblo. La revolución democrática en esta nación petrolera sigue su marcha indetenible actualmente con Nicolás Maduro como líder.

Lula da Silva en Brasil, ha demostrado desde el gobierno, que pueden y deben efectuarse cambios a favor de la clase obrera y campesinado, y que las posiciones antimperialistas pueden realizarse toda vez que los pueblos se organicen para luchar por sus propias reivindicaciones. El proceso democrático en este gran país de la América del Sur, se ha convertido en ejemplo para otros pueblos del continente, a pesar de que no existe el socialismo.

Ecuador, de Rafael Correa, ha dado un gran salto en su desarrollo económico, político y social, porque en cierto modo, se ha apartado del camino azaroso del capitalismo. Con sus posiciones revolucionarias el Presidente Rafael Correa ha logrado que se respete la soberanía de este pequeño país a pesar de la lucha interna de las fuerzas conservadoras. El avance de Ecuador es innegable, porque su gobierno democrático y antimperialista ha peleado por los cambios y transformaciones.

En Bolivia, después de tanto batallar porque se reconozcan los derechos de los indígenas uno de sus legítimos representantes llegó al poder. Evo Morales, Primer Presidente indígena, ha cambiado el pensar y el sentir de los bolivianos a pesar de la inconformidad de los criollos, ha realizado transformaciones decisivas en el aspecto económico y social, jamás vistas, en el desarrollo de este país. El proceso revolucionario boliviano, con Evo Morales, a la cabeza ha sorteado los peligros puestos por el imperialismo.

Nicaragua, Argentina, Uruguay y Chile son ejemplos de que los pueblos transitan por los caminos progresistas y antimperialistas.

Estas son las realidades que existen hoy por hoy, en el continente americano después de la derrota del socialismo.

Los pueblos jamás serán vencidos en sus aspiraciones de cambiar las estructuras arcaicas que les ha impuesto el imperialismo norteamericano. Estos son los ejemplos positivos después del derrocamiento de las revoluciones en Europa.

CAPÍTULO XVII

TEORÍAS SOBRE EL NUEVO SOCIALISMO

Socialismo democrático, socialismo del siglo XXI, negación del socialismo científico de Marx, Engels y Lenin.

Después de la caída del socialismo real, han surgido muchas teorías, tratando de llenar el vacío dejado por éste, y queriendo subestimar o negar las concepciones marxistas leninistas. Los teóricos e intelectuales burgueses en todas las épocas, aprovechando cualquier situación, trataron y tratan de negar la veracidad del marxismo leninismo, pero la vida, más rica que cualquier posición doctrinaria se ha encargado de refutarlos.

Todos los oportunistas, renegados de distintos matices, adversarios gratuitos y alabarderos de la burguesía internacional han fracasado son sus monsergas y concepciones antimarxistas.

El comunismo científico ha demostrado su vitalidad y certeza a través del tiempo porque parte de la realidad.

Actualmente, en el siglo XXI y después del derrumbe del sistema socialista en la Ex Unión soviética, han aparecido concepciones, que se ubican como nuevas formas del socialismo sin argumentos serios que demuestren que estamos ante una teoría científica, seria y responsable. Tal es el caso de lo que han dado en llamar socialismo democrático o socialismo del siglo XXI como una nueva forma o modelo de la revolución socialista. Los ejemplos prácticos son las situaciones políticas de Venezuela, Ecuador, Bolivia, Brasil, Nicaragua, Argentina y Chile.

Sin pretender menospreciar los avances y cambios que se han suscitado en estos países creemos que no pueden considerarse como medidas de carácter socialista. Se trata, ni más ni menos de un proceso democrático y antiimperialista, como parte de lo que será la revolución socialista.

Muchos países de América Latina viven una etapa de capitalismo dependiente de débil desarrollo en el que subsisten relaciones de producción económica del feudalismo e incluso formas económicas del esclavismo. El atraso por lo tanto es secular y las condiciones objetivas y subjetivas no alcanzan el móvil que necesita una revolución socialista. Aunque existen organizaciones sindicales fuertes, su lucha no pasa de la económica y política, faltando la ideológica que eleva la conciencia revolucionaria de los pueblos. Por otro lado, el sindicalismo fue penetrado por las concepciones burguesas a través de la ORIT y otras agrupaciones obreras que tienen su asiento en los Estados Unidos. La Organización Regional Interamericana del Trabajo (ORIT) hizo su trabajo diversionista que dividió a los movimientos obreros de nuestra zona. Igualmente, el oportunismo, el ultra izquierdismo y la corrupción influyeron notablemente en las direcciones de los sindicatos, quitándoles el verdadero pensamiento revolucionario y castrando y diluyendo la lucha contra el sistema opresor, que se ha entronizado en cada país en contra de los intereses populares. No se descarta que han existido intentos serios por derrotar al capitalismo en cada país, como en Nicaragua, El Salvador, Guatemala, donde una guerra interna ocasionó miles de víctimas, pero en donde todavía no se ha logrado la victoria contra el imperialismo.

Lo que ocurre en Venezuela, Ecuador y Bolivia, donde se han logrado cambios y transformaciones importantes, a nuestro juicio, no son pasos de carácter socialista, porque hasta el momento no se ha abolido la propiedad privada sobre los medios fundamentales de producción, ni tampoco se ha instaurado la propiedad social en todas sus manifestaciones.

El socialismo se caracteriza porque cambia la forma de propiedad, es decir se liquida la propiedad privada que es la base de la explotación y la piedra angular para la producción de plusvalía. Además, la clase obrera toma el poder son su partido de vanguardia y se instaura la dictadura del proletariado en contra de la burguesía criolla.

En cada uno de estos países existen grandes empresas que pertenecen a la burguesía, en las que se explota el trabajo ajeno y de éste surge la ganancia que va a parar al bolsillo de los capitalistas.

Con estas condiciones, científicamente, no puede considerarse socialistas las transformaciones progresistas que se realizan, aunque claro está, se encaminan a la dirección del socialismo cuando se socialice la propiedad privada.

Por estas razones, es que consideramos como un eufemismo, el concepto de socialismo democrático y socialismo del siglo XXI.

El socialismo es uno, el creado por Marx y Engels y desarrollado y hecho realidad por Lenin.

Este socialismo no tiene apellidos de democrático ni de siglo XXI. Intrínsecamente el socialismo es democrático, lo único que la democracia es para los obreros y campesinos, porque también el concepto democracia tiene un carácter clasista. Democracia, ¿para quién? ¿Para la burguesía o para los obreros?

Es imposible desconocer todo el bagaje teórico del comunismo científico desde los tiempos de Marx hasta la actualidad, y tirarlo a la basura, negando su riqueza y su contenido real y objetivo.

El socialismo del siglo XXI no es tal, es por el momento, una revolución democrática y antimperialista, es un proceso que crea las condiciones para la revolución netamente socialista, cuando se liquide la propiedad privada y a la burguesía que la necesita.

Los que abogan y plantean el socialismo democrático son los adversarios burgueses, oportunistas de derecha y de izquierda, revisionistas que nunca entendieron la doctrina marxista y los revolucionarios de nuevo cuño, que se dedican a inventar, sin escudriñar las bases de una ideología y con una actitud exhibicionista y vanidosa.

CAPÍTULO XVIII

RÉGIMENES PROGRESISTAS EN AMÉRICA LATINA DESPUÉS DEL SOCIALISMO SOVIÉTICO

La Revolución Bolivariana y las concepciones de Hugo Chávez Frías. Experiencias en Brasil, Ecuador, Bolivia, Argentina, Uruguay y Nicaragua.

Hugo Chávez escribió: "Estamos en plena transición, fuerzas desatadas la impulsan, las más de las veces sin control. Esa transición se inició a finales de los años 70, cuando la situación A, Capitalismo de Estado (Pacto de Puntos fijo) comenzó a dar signos de agotamiento. El reto hoy está en impulsar esa transición hacia una situación B, deseada, preconcebida. Para impulsarla puede haber varios caminos. Se trata, entonces de vislumbrar esos posibles caminos, y de orientar la transición por aquel o aquellos que ofrezcan mayor viabilidad. La primera parte del problema (hasta donde) tiene que ver con un enfoque de profundidad en el cual trataremos de visualizar varios niveles posibles (o imposibles). Y la segunda parte (hacia donde) se refiere a la dirección estratégica del proceso, sobre cuya proyección ya comienzan a hacerse más claros un conjunto de ejes y una serie de etapas que vienen siendo impulsadas y se irán consolidando a medida que se vaya haciendo realidad el poder constituyente."

En Venezuela, este proceso comenzó hace bastante tiempo. Son dos procesos que caminan paralelamente y tienen la misma historia. Desde 1958, el intento por construir un país democrático nació mal y con el germen de su propia degeneración en sus entrañas. A los 20 años, el intento democrático, entró en la primera de sus grandes crisis, siendo evidente su incapacidad para corregir sus propias perturbaciones.

La suma de todas las crisis acumuladas produjo la crisis venezolana. Al mismo tiempo el otro proceso que venía naciendo como consecuencia de lo anterior, aceleró su crecimiento en la década de los años 80 del siglo pasado, surgiendo con fuerza propia al inicio de los años 90. Hoy es ya un proceso de transición, indetenible, democrático y revolucionario. De la crisis nació la necesidad de la transición y de su propio seno se conformó el sector político nuevo capaz de impulsar el proceso. Del movimiento Bolivariano Revolucionario – 200 surgió en 1997 el Movimiento V República y en torno a este se ha conformado el polo patriótico, una alianza de fuerzas transformadoras que avanzó con vigor creciente en el marco político venezolano. Esto constituyó una condición necesaria para garantizar la transición. El primer documento "cinco polos para una nueva República" recoge la visión de conjunto del proyecto de transición y plantea los cinco puntos del paso de Venezuela a una nueva etapa.

Presenta, además, la idea dinamizadora de las fases a través de las cuales puede impulsarse la transición. Cada uno de los cinco polos persigue la finalidad del equilibrio en su respectiva área, de forma tal que todo el conjunto plantea la búsqueda de la estabilidad sistemática y el paso a una situación de equilibrio dinámico.

Todo esto lleva implícita la profunda convicción democrática y ratifica la firme convicción de construir una nueva república que encarne un verdadero proyecto nacional sobre la base del más amplio consenso posible y del respeto a las más diversas posiciones o visiones de los sectores nacionales.

El documento presenta en primer lugar el polo macro político, cuya línea central es el proceso constituyente y su objetivo de transformar el marco político jurídico de ese entonces, ya agotado para dar paso a una auténtica democracia participativa. Al mismo tiempo esta búsqueda del equilibrio político a través de la Asamblea Constituyente indica la primera fase del Proyecto de Transición.

Luego aparece el polo de desconcentración territorial, el desarrollo humano para lograr el equilibrio social, la transformación productiva para el equilibrio económico, haciendo énfasis en la disciplina macroeconómica y finalmente, la visión internacional y geopolítica del Proyecto, orientada en la mundialización reinante con una concepción clara hacia las relaciones de paz y mutuo respeto con todas las naciones del mundo.

Este conjunto de áreas, al dinamizarse configuran las fases del Proyecto de Transición. Los límites de cada área irán definiéndose con mayor claridad a lo largo de las innumerables y creativas discusiones del documento de los cinco polos. Se necesitó, pues, un período largo de discusiones.

El documento ampliamente discutido y aprobado dio como resultado el Proyecto Nacional que resume los cinco polos para una nueva república, a saber:

1) Equilibrio político. Constituyente para la democracia participativa.
2) Equilibrio social. Hacia una sociedad justa.
3) Equilibrio económico. Humanista, autogestionario y competitivo.
4) Equilibrio territorial. Desconcentración para el desarrollo sustentable.
5) Equilibrio mundial. Soberanía y mundialización.

1) Equilibrio político. Constituyente para una democracia participativa.

Para solucionar la situación caótica en que se encontraba Venezuela fue necesario transformar el marco institucional en el cual los diferentes actores políticos, económicos y sociales se desenvuelven y toman sus decisiones. Este marco institucional se ha caracterizado por el dominio de las cúpulas de los partidos políticos tradicionales que a su vez controlan los diferentes poderes del Estado en casi todos los ámbitos territoriales tanto nacional, como regional y local.

Esto ha impedido una sana y dinámica relación entre los diversos actores de la vida nacional de este país. Todas las decisiones de carácter e interés nacional son sometidas al tutelaje de las direcciones partidarias, sin que sobre éstos exista ningún control efectivo por parte de la sociedad venezolana. La concentración del poder en un alto grado combinado con un Estado que ha manejado y maneja grandes recursos provenientes del negocio del petróleo trajo consigo la generación de la corrupción, compadrazgos y clientelismo, erosionándose el desarrollo democrático de la vida nacional. Esta situación llegó a tal grado de descomposición que del seno del pueblo surgió una fuerza legítima indetenible llamada Poder Constituyente, el cual se ha desarrollado en varias fases siendo algunas de ellas, la convocatoria y la realización de la Asamblea Nacional Constituyente.

Un Estado que defina soluciones y dé respuestas adecuadas a las condiciones del sistema económico internacional, caracterizado por un fenómeno de transnacionalización y de competencia sobre la base del dominio ideológico que por una parte, concentra riquezas, y, por la otra produce una gran exclusión social. Un estado que permita entrar en dicho sistema económico, afirmando nuestra identidad nacional y garantizando niveles adecuados de calidad de vida a la población.

Sólo sobre el nuevo marco institucional jurídico, político y económico se pueden adelantar los planes de reordenamiento de Venezuela. Se necesita, pues, una verdadera revolución democrática, ésta pasa por un proceso constitucional el cual consta de varias fases: 1) Activación del proceso, 2) Fase contractual; 3) Fase convocatoria de la Asamblea Nacional Constituyente; 4) Fase asamblearia y 5) Fase ejecutiva, aplicación de la nueva Constitución Nacional.

El proceso constituyente es una Revolución Democrática porque propicia la transformación profunda de la sociedad de ésta nación, basada en la voluntad popular, al ejercer su soberanía.

En los primeros años de este proceso se vivía la fase de activación del Proceso Constituyente dentro de una convocatoria a elecciones nacionales, en medio de una grave crisis de deslegitimación del poder constituido. Esta primera fase arrancó con gran ímpetu hacia la fase contractual. En estas elecciones que ganó Hugo Chávez (triunfó en 16 procesos electorales), se selló el contrato social constituyente.

Posteriormente se convocó la Asamblea Nacional Constituyente (tercera fase), mediante una consulta popular en forma de referéndum amplio y democrático, capaz de generar una legitimidad originaria, con fundamento en la soberanía popular. En ese momento, se consultó al pueblo sobre su voluntad de convocatoria a la Asamblea Nacional Constituyente, sobre el número de sus integrantes, sobre la forma de elección de los constituyentes y acerca de la duración de la asamblea. Tal referéndum se realizó de conformidad con el artículo 4 de la constitución nacional, el cual reivindica la soberanía y su residencia en el pueblo, así como su conformidad con el artículo 181 de la Ley del Sufragio y Participación Pública.

El movimiento bolivariano concibió la Asamblea Nacional Constituyente como unicameral y sus representantes son del pueblo en su conjunto, expresión de la pluralidad política, social y regional de la nación venezolana, quienes integrados democráticamente la dotarán de una nueva constitución para fortalecer y desarrollar las instituciones de la República con fundamento en las libertades públicas, las garantías ciudadanas, los derechos humanos y las transformaciones de las estructuras constitucionales que procuren la consolidación de una democracia participativa. El sistema electoral para elegir a los integrantes de la Asamblea Nacional Constituyente debe ser nominal combinado con fórmulas que permitieran la representación de las minorías. Sólo se eligieron representantes principales y el número de constituyentes resultó de dividir los habitantes de cada entidad federal por la base de la población. Aquellos estados o dependencias federales que no tengan un número suficiente de habitantes, elegirán 2 constituyentes.

El sistema electoral constituyente debe garantizar la representación de todos los sectores de la vida nacional, en el entendido de que no se representa a un grupo, parcialidad, sector o corporación, sino al pueblo en su totalidad.

Su postulación de candidatos debe ampliarse a otros sectores de la vida nacional más allá de los partidos políticos.

¿Para que la Constituyente? Para refundar la República, relegitimar el poder y rehacer la democracia mediante una nueva constitución.

Esto implica que el gobierno de la nueva República, en todos los niveles, sea definido como democrático, responsable, alternativo, representativo y participativo, introduciendo además del procedimiento del referéndum, el mandato de incorporar nuevas formas de participación ciudadana. Además, un poder judicial independiente e imparcial.

La independencia e imparcialidad del Poder Judicial y la seguridad jurídica de la nación, restándole discrecionalidad al Congreso Nacional en la elección de sus miembros. Los jueces tienen que ser de elección popular. Establecer la autonomía presupuestaria del poder judicial. Es necesario descongestionar los tribunales y dirimir los conflictos menores en el seno de la sociedad, estimulando la creación de mecanismos alternativos como la mediación y el arbitrio.

El Poder Legislativo debe ser auténticamente representativo y estar revestido de legitimidad por lo debe ser auténticamente representativo y estar revestido de legitimidad por lo que hay que cambiar el sistema de elección de sus miembros, además éstos deben estar obligados por la Constitución a rendir cuentas a sus representados.

El poder moral que es la conciencia ética del pueblo y del sistema, constituido por instituciones formales e informales orientadas a vigilar, controlar y servir de contrapeso a la acción de los gobiernos. Hacer que el Ministerio Público actúe como acusador por parte del Estado y como contrapartida crear la institución del Defensor Público.

Transformación de la Administración Pública redefiniendo las funciones del Estado como un ente rector y promotor de las políticas. Hacer de la Administración Pública un sistema abierto, flexible y permeable a las exigencias y a los cambios de su ambiente que le permita adaptarse a ellos, renovándose permanentemente. Desarrollar mecanismos de comunicación e información que hagan de la administración una estructura transparente donde el secreto sea excepción y no la regla.

2) Equilibrio social. Hacia una sociedad más justa.

Es una verdad palmaria de que en Venezuela la sociedad reclama un nuevo modelo de expresión, cuya identificación, diseño y construcción precisa abrir espacios colectivos para su discusión y reflexión, o de lo contrario, se agudiza una crisis que de otra forma no termina. Por ello, la atención a la pobreza es prioridad fundamental del Estado. En Venezuela el 80% de la población estaba en situación de pobreza y el 46% en situación de pobreza estructural y pobreza extrema e indigencia. Se plantea, pues, una política social hacia la inclusión real y efectiva de la población, hacia la participación de las comunidades en la toma de decisiones sobre los procesos que las afectan considerando, por ello, el fomento y la promoción de la organización y movilización de las comunidades hacia una política social, con un carácter de integración como herramienta que tienda a disminuir la brecha social.

La exclusión escolar y el desempleo juvenil constituyen uno de los mayores retos de los próximos años. Su atención debe incluirse dentro de la política social general y desarrollar elementos específicos que le permitan la reincorporación a centros de estudio y trabajo en donde se establezcan convenios entre empresarios y centros formadores para insertar a los jóvenes en los centros productivos de una manera digna y mantener un sistema de seguimiento que fortalezca la mayor calificación de la fuerza laboral joven.

Un alto porcentaje de niños sobrevive en condiciones de miseria y pobreza. Es necesario diseñar un proyecto que penalice el abandono a la niñez y permita ejercer acciones y programas de educación formal y formación para el trabajo.

El abandono infantil es expresión de un problema estructural y su centro original es la problemática familiar y de la comunidad.

Todas estas transformaciones llevan implícita los contenidos referidos a la problemática de la mujer. En las líneas de acción gubernamental, en respeto a la dignidad humana y al logro de la igualdad y la equidad entre hombres y mujeres, como fundamento primordial de una auténtica democracia se contemplarán las diferencias genéricas y las especificidades propias de cada ciclo evolutivo.

En el caso de la población indígena debemos proteger las especificidades sociales, culturales y económicas de los sectores no integrados al circuito económico hegemónico como la población indígena. La salud no es responsabilidad exclusiva de las instituciones del sector salud. Para que la salud y el bienestar sean realidad se requiere de la movilización organizada de los recursos de toda la sociedad. La salud es a la vez un medio para lograr el bienestar común y un fin como elemento sustantivo del desarrollo humano.

Las instituciones de Seguridad Social presentan problemas de índole diversa, pero el denominador común corresponde al financiamiento y tipo de gestión administrativa.

La Seguridad Pública es un aspecto que necesita atenderse inmediatamente porque prevalece la inseguridad personal.

3) Equilibrio económico. Humanista, autogestionario y competitivo.

La sociedad venezolana se ha caracterizado por la presencia de un Estado cuya capacidad para administrar los recursos de la explotación petrolera determina en gran medida lo que ocurre internamente en el país.

La dependencia del petróleo permanece como un rasgo estructural que ha determinado la orientación de la economía nacional.

La economía venezolana ha estado decisivamente vinculada al excedente generado por escasos productos de exportación habiéndose pasado de la mono producción agroexportadora a la mono producción petro-exportadora.

El modelo económico vigente ha generado en este país una desigual distribución de la riqueza manteniendo a amplios sectores de la población en niveles de pobreza y restringiendo su incorporación al aparato productivo.

Dicho modelo se orientó por un privilegio al lucho y al enriquecimiento en un primer momento y, posteriormente al mantenimiento y desarrollo de indicadores macro-económicos. Todo ello en desmedro de las condiciones de vida de los venezolanos y en perjuicio de las condiciones ambientales y la calidad de vida de las comunidades que integran el país. Ante esto se hace necesario desarrollar un modelo económico que permita la producción global de riqueza y la justicia en su disfrute. Para alcanzar el objetivo de manera equitativa, es necesario establecer una economía humanista.

4) Equilibrio territorial. Desconcentración para el desarrollo sustentable.

Durante los últimos cuarenta años, el modelo de desarrollo venezolano ha generado un proceso de ocupación territorial con marcada tendencia hacia la concentración de la población y de sus actividades productivas en un reducido número de núcleos urbanos. Esta desequilibrada ocupación del territorio nacional le ha restado dinamismo a la provincia y ha creado graves problemas sociales en sus principales ciudades.

Los espacios al norte del Orinoco – Apure albergan un 90% de la población y en la franja norte costera (desde Zulia hasta Sucre), se concentra el 60% de la misma en apenas un 15% de territorio. La gravedad de los problemas generados por los desequilibrios regionales en este país (estancamiento, migraciones, marginalidad) ha sido ajena a la discusión sobre el modelo de desarrollo, víctima de las generalizaciones implantadas por el dogmatismo ideológico, el cual no concibe otras argumentaciones que las macroeconómicas, ni otro ordenamiento social que el indicado por el libre mercado.

La planificación del desarrollo territorial resulta un ejercicio inútil, si se realiza independientemente de la globalidad nacional. En la Venezuela deseable, lo social y lo económico serán los factores determinantes, lo territorial lo condicionante. El equilibrio entre ambos, tendrá como resultado el proceso de ocupación racional, armónica y eficiente del territorio venezolano en el mediano y largo plazo.

Los desequilibrios territoriales en Venezuela son excepcionalmente graves. En los estados centro norte, costeros, hay una excesiva concentración ya que en ellos se ha ubicado el 40% de la población, poco más de 70% de los establecimientos industriales y las tres cuartas partes del empleo manufacturero. En esos lugares se genera más de la mitad del valor agregado en las diferentes actividades productivas, se acumula casi el 50% del capital fijo generador de más del 60% de la producción bruta no petrolera, todo ello en un espacio que ocupa menos del 2% del territorio nacional.

La descentralización de este país es un proceso complejo y necesario, sin embargo, sus posibles efectos beneficiosos han sido ampliamente neutralizados por los efectos concentradores en lo social, político, territorial y económico de los paquetes de medidas macroeconómicas. El ajuste neoliberal, además de no lograr sus objetivos declarados, ha inducido la contracción del producto, del empleo y del salario real acompañado de inflación y crecientes costos del transporte. La agricultura ha sufrido más que el resto de los sectores, al incrementarse sustancialmente sus costos de producción, al mismo tiempo, que se han abierto indiscriminadamente las importaciones.

Venezuela cuenta con 10 millones de hectáreas de tierras de alta a moderada calidad para ser utilizadas en agricultura vegetal. 18 millones de hectáreas aptas para la agricultura forrajera (ganadería), y 19 millones de hectáreas aptas para la agricultura forestal. En buena medida, sin embargo, ni la ocupación del espacio se corresponde con la vocación de las tierras ni su explotación incorpora tecnología eficiente. La actividad agrícola se ha retraído abruptamente por el elevado riesgo y baja rentabilidad en un medio rural que no cuenta con la infraestructura requerida y cuya construcción y mantenimiento debe garantizar el Estado.

El Estado acordará atención prioritaria a la producción agrícola primaria y agroindustrial con énfasis en las prácticas conservacionistas para alcanzar los niveles adecuados en volúmenes, calidades y rendimientos que garanticen la seguridad alimentaria y faciliten una ordenación sustentable del territorio. Entre las fuerzas desconcentradoras del territorio tenemos al turismo que es una nueva concepción del equilibrio territorial.

El turismo interno e internacional promovido de manera simultánea mediante el equipamiento territorial compartido, aporta divisas, genera empleo y diversifica además de ser una fuerza desconcentradora de población y de actividades económicas diversas. Por su poca intervención las regiones más débiles económicamente serán las más atractivas al turismo.

La consolidación del sector en función de la preservación de la calidad escénica y ambiental de las zonas turísticas y de los servicios que se oferten de su promoción y de la política de precios y de cambios monetarios que se aplique.

El Estado está obligado a fortalecer un plan turístico integral y sustentable con especial énfasis en una ordenación territorial estricta de las zonas turísticas, como paso previo a una amplia apertura y la inversión extranjera. Se rescatará la infraestructura existente y se identificarán opciones para su actividad económica.

Las cooperativas y pequeñas empresas complementan la desconcentración territorial. Son ellas las que más reinvierten localmente estimulando el mercado inmediato, creando circuitos económicos que se cierran en su misma región y generando una amplia democratización del empleo.

El transporte terrestre es un mecanismo ordenador del territorio, a la par que es importante engranaje en las políticas energéticas y económicas. En particular los ferrocarriles, metros y tranvías conllevan un favorable balance energético y ambiental, además de beneficios sociales, como disminución de accidentes y significativos ahorros en mantenimiento de carreteras y en tiempos de viajes, entre otros.

Los anteriores son los elementos claves para lograr, en la práctica, el equilibrio territorial de cualquier país.

5) Equilibrio mundial. Soberanía y mundialización.

La política exterior de Venezuela supone, para el gobierno bolivariano un cambio democrático y de gran avance.

Las relaciones internacionales deben tener un carácter prioritario con Colombia, la Comunidad Andina, el Brasil, Caribe y Centro América y los Estados del MERCOSUR. Con la República Federativa de Guyana tendrán un carácter de cooperación y solidaridad. Con Norte América, la Unión Europea y Asia tendrán un carácter altamente estratégico. El esfuerzo fundamental de la política exterior del gobierno bolivariano es el de la adecuada inserción de Venezuela en la comunidad internacional como un actor autónomo e independiente capaz de promover sus intereses nacionales.

En el orden interno, esta política exterior supone privilegiar el proceso de integración de la política energética exterior de Venezuela mediante la vinculación orgánica de PDVSA con todo el sistema correspondiente a la administración pública de la política exterior, es decir Ministerio de Energía y Minas y Ministerio de Industria y Comercio, procurando una política energética no contradictoria con el país. La política exterior venezolana debe ir acompañada de la doctrina sobre la autodeterminación de los países; principios de no intervención; intangibilidad territorial; prevención y promoción de los Derechos Humanos; aceleración de la integración latinoamericana; apego a los pueblos como protagonistas o actores directos de las relaciones internacionales; principio de igualdad entre los estados atendiendo a la justicia internacional; promoción de la democratización de la sociedad internacional; promoción del nuevo orden económico internacional; preservación de la solidaridad con todos los pueblos del mundo; sujeción a las normas del Derecho Internacional y a los Tratados Internacionales que hubieren sido concentrados sin menoscabo de la soberanía; preservación del medio ambiente y promoción de los derechos ecológicos; lucha contra el consumo y tráfico de drogas dañinas a la salud de los pueblos; lucha contra cualquier manifestación del terrorismo y promoción de la doctrina sobre las áreas estratégicas de paz como forma superior y civilizada para resolver los conflictos entre los pueblos.

La exposición de estos cinco polos que constituyen la plataforma programática del nuevo gobierno bolivariano nos indica que estamos ante una revolución de tipo democrático y antimperialista que no tiene nada que ver con el socialismo. Naturalmente esta sería la primera etapa de una revolución socialista sin ponerle ningún apellido.

Por otro lado, Bolívar, no fue un marxista leninista y mucho menos un comunista. Eso sí, fue un revolucionario a tono con la época en que le tocó vivir.

Por su parte, el comandante Hubo Chávez Frías (QDDG), expresó que no era marxista, pero que tampoco era enemigo.

A todas luces, estamos ante un fenómeno de la revolución democrática y antimperialista, por su doctrina, programa y las personalidades que dirigen este proceso.

Por esta razón es que no es correcta, ni creíble la tesis de la burguesía latinoamericana de que la Venezuela de Hugo Chávez y Nicolás Maduro era un peligro comunista.

EL SOCIALISMO REAL, EL IMPERIALISMO Y AMÉRICA LATINA

Algunos de los capítulos de mi obra tienen relación en la temática del libro que hoy realizamos como ser la lucha revolucionaria de los pueblos de América Latina contra el neo liberalismo y el poder omnímodo de los monopolios y transnacionales, así como los distintos procesos revolucionarios que se han gestado en nuestro continente a partir de la revolución cubana.

El libro Socialismo Real es mi respuesta a muchos criterios antojadizos y sin argumentos serios en contra de lo que fue el socialismo en la ex unión soviética y las democracias populares que por errores de las dirigencias de los partidos en el poder, se derrumbaron.

El contenido del libro en mención es un recuento histórico del surgimiento, desarrollo y fin del socialismo real en estos países.

Se empieza con la formación y fundación del partido obrero social demócrata de países bajo la dirección de Vladimir Ilich Lenin quien sentó las pautas y normas de un partido de vanguardia capaz de conducir a la clase obrera y al campesinado al poder. Aquí se destaca el criterio científico de que, miembro del partido revolucionario es todo aquel que acepta el programa, los estatutos, y la ideología revolucionaria. Acerca de este concepto, se desarrolló una discusión de principios con intelectuales que pertenecían a los mencheviques (la minoría del POSDR) que consideraban que para ser miembro del partido no se necesitaba doctrina, ni mucho menos militancia activa.

Por esta concepción correcta de Lenin acerca de la militancia partidaria el Partido Obrero Social Demócrata de Rusia (POSDR) se dividió en Bolcheviques (mayoría) y mencheviques (minoría), en la que participaban los reconocidos conservadores mencheviques como lo fueron Marto, Axelrod Martino v, Plejano, entre los más destacados.

Así pues, el concepto del partido dividió al partido revolucionario ruso y en la actualidad se siguen manteniendo las posiciones de los mencheviques pues los partidos burgueses no aplican el criterio lenivista pues para ellos solo basta adherirse a la organización sin la participación activa.

Los revolucionarios hacemos hincapié de que sin un partido de vanguardia basado en el centralismo democrático y sin la organización de la clase obrera alrededor de este partido no se puede culminar el proceso revolucionario en el socialismo, en otras palabras sin partido revolucionario no hay revolución. Esta es la piedra angular de todo proceso revolucionario.

Lenin salió triunfante en esta discusión puesto que la mayoría del POSDR aceptaron su concepción y los bolcheviques se convirtieron en los conductores de la revolución y el socialismo.

Los bolcheviques con Lenin a la cabeza desarrollaron la teoría del socialismo, que habían creado anteriormente Carlos Marx y Federico Engels, se desarrollo el concepto de la lucha de clases, el papel hegemónico de la clase obrera aliada con los campesinos, la teoría del desarrollo desigual del capitalismo y que por el eslabón mas débil de la cadena de los países capitalistas iba a surgir el socialismo y así ocurrió en la ex URSS.

En esta lucha teórica y práctica se llega al año 1917 en que los bolcheviques toman el poder ante la bancarrota del zarismo y su incapacidad para seguir gobernando.

El partido de vanguardia ruso tuvo la clarividencia de elegir el momento exacto para hacerse del poder y derribar al zarismo Lenin, explica en sus obras que cuando los de arriba no son capaces de gobernar y los de abajo ya no soportan la explotación es el momento propicio para tomar el poder político de una nación.

El 25 de octubre (7 de noviembre según el nuevo calendario) de 1917 los bolcheviques con Vladimir Ilich Lenin a la cabeza consideraron que era el momento exacto para la toma del poder en la EXURSS con la fuerza del partido y la clase obrera, pero desde luego no se trata solo de tomar el poder, lo mas importante es sostenerse en el, porque la reacción burguesa arrecia sus ataques contra las revoluciones triunfantes y el imperialismo los apoya con todo su poder para defenestrar a la revolución.

En la EXURSS el poder socialista se mantuvo por mas de setenta años y sin embargo por los errores de los dirigentes se perdió el socialismo real. Este es el ejemplo mas claro de que la revolución está obligada a la lucha a "brazo partido" para evitar que la contra revolución vuelva a ocupar el poder del cual fueron sacados.

Toda revolución en los primeros años asume grandes problemas pues la economía del país la dejan en bancarrota los anteriores gobernantes y hay que empezar a organizar la producción en el campo y la ciudad para abastecer de alimentos a la población y que esta sienta que el nuevo poder si resuelve sus problemas.

Los bolcheviques tuvieron en "el comunismo de guerra" que significaba sacrificios, y producir en el campo con las armas en la mano pues la reacción organiza su guerra de guerrillas contra el nuevo poder.

Se debe organizar la producción agraria e industrial, y liquidar la propiedad privada sobre los principales medios de producción e instalar la propiedad social a través del poder estatal.

Todo este proceso costo mucho al pueblo soviético pero salieron avantes venciendo las dificultades y resistencia de la reacción interna y externa.

En este proceso de los primeros años del poder soviético ocurre la muerte de Vladimir Ilich Lenin en 1923 y lo sucede en la dirección del partido y el estado Stalin de origen georgiano del cual Lenin en vida había opinado de sus virtudes y defectos objetando su carácter autoritario y prepotente que si no era controlado podía llevar a consecuencias nefastas a la nación como en realidad ocurrió.

Stalin y el partido continuaron la construcción del socialismo y se enfrentaron a todo tipo de ataques del imperialismo culminando con la segunda guerra mundial. A Stalin se le critica el "culto a la personalidad" y la violación del Centralismo Democrático por una dictadura personal que ocasiono muchos males incluida la muerte de miles de comunistas que se oponían a sus designios.

Pero, claro esá, se le reconoce haber dirigido la defensa del país ante el ataque artero de la Alemania hitleriana.

A pesar de ello los daños ocasionados por el "culto a la personalidad" fueron terribles a tal grado que los soviéticos se lamentan de lo ocurrido en esa época.

De mas esta decir que los daños ocasionados por la segunda guerra mundial fueron desastrosos pues murieron millones de personas, se destruyeron muchos cuidados y la construcción del socialismo se paralizó, al morir Stalin empieza un proceso de liquidación del "culto a la personalidad" bajo la dirección del PCUS y el estado soviético de el ucraniano Nikita Serguievich Kruschev. En esta etapa empieza a profundizarse el desarrollo socialista en lo económico, social y político a través de lo que se llamo planes quinquenales planificados por los congresos del partido comunista de la URSS, a partir del XX congreso del país empiezan los planes quinquenales que desarrollaban la economía socialista formándose un país fuerte y poderoso que enfrentaba los embates del imperialismo en todos los lugares donde querían conquistar.

En esta etapa surge la guerra que los Estados Unidos imponen en Vietnan en donde el ejército norteamericano sale derrotado y se forma el socialismo en este país asiático que demostró valentía dignidad y amor patrio al derrotar al ejercito mas poderoso del mundo lo que demostró que la unidad de los pueblos es necesario en la lucha contra la dominación extranjera sea de donde sea.

Paralelamente a la URSS se desarrollaba el socialismo en las democracias populares en Checoslovaquia, Polonia, Bulgaria, Rumania, Alemania Democrática, Hungria, Yugoslavia y la revolucionaria China, Vietnan, Corea del Norte y Cuba. Ante el avance del socialismo, el imperialismo empieza su lucha por desestabilizar al socialismo por dentro y surge la guerra fría.

Aunque el gobierno soviético preconizaba la política de coexistencia pacífica con distintos regímenes sociales el imperialismo se mantuvo en las posiciones de la guerra fría y atacaba militarmente a los países árabes, algunos países de Africa y el asedio constante a Cuba a la que no ha podido doblegar.

En el periodo de Leonid Ilich Briezviev empieza a descomponerse la dirección del PCUS y el culto a la personalidad, el oportunismo, la ambición al dinero y al poder permiten la ruptura de la disciplina partidaria. Y llegan personajes como Yeldzn y Gorbahob a servir en bandeja de plata los intereses del socialismo que cae en manos de la reacción y del imperialismo, y es así, como estos personajes de conducta deleznable abren las compuertas del partido y del estado revisionismo con la famosa peretroika (reconstrucción) lo que permite el derrumbé del socialismo y la reacción interna y externa vuelvan al poder en este gran país de luchas memorables.

Con la caída del socialismo en la URSS y las democracias populares surge un descontrol en el mundo político, económico y social y surgen argumentos, criterios y explicaciones algunas razonables y la mayoría cargadas de falsedad y de distintos intereses.

La tesis que más a prevalecido es la de que el socialismo fracasó por su ideología y teoría falsa.

En mi libro expongo que esto, no es cierto y que la teoría socialista sigue teniendo vigencia a pesar del derrumbe soviético.

Podemos afirmar que la caída del socialismo influyó negativamente en el mundo y principalmente en América Latina

A pesar de este fracaso, la revolución cubana sigue su marcha indetenible a pesar del bloqueo norteamericano que, desde luego, empieza a sucumbir.

La revolución cubana se mantiene inquebrantable y es la estrella que alumbra el camino revolucionario a los pueblos del continente.

La revolución cubana se mantiene firme a pesar de los miles de intentos del imperialismo por desestabilizarla.

Guiados por el ejemplo cubano muchos pueblos de America Latina han emprendido la lucha contra el imperio del norte ante su voracidad implacable.

Los ejemplos de Venezuela por la línea de Chavez, Ecuador, Nicaragua, Bolivia, Brasil, Chile son claros testimonios de lo que decimos.

A pesar de lo ocurrido en la ex URSS con la caída del socialismo en nuestra época, pueden surgir nuevas formas para construir el socialismo.

El que aparezcan nuevas formas de socialismo no significa que este perdió su contenido.

El socialismo significa abolición de la propiedad privada e instauración de la propiedad social, centralización de la economía por el estado y la dirección de un partido de vanguardia.

El comandante Hugo Chavez inicio una lucha antiimperialista a la que llamo revolución Bolivariana que ha hecho cambios progresistas importantes en ese país sudamericano la reacción interna y el imperialismo norteamericano han hecho lo imposible por volver atrás este proceso; pero la dirección de Hugo Chavez y el pueblo han vencido en esta lucha que libran los venezolanos contra el imperio, Hugo Chavez demostró con hechos que el pueblo lo quería y lo seguía por las obras realizadas y gano en mas de 17 procesos electorales lo que demuestra sosteniblemente la veracidad de su pensamiento humanista, a demás que el pueblo necesitaba cambios. Después de la muerte de Chavez el proceso de la revolución bolivariana no se ha detenido y con Nicolás Maduro la lucha continúa a pesar de que la reacción ha arreciado sus ataques y ganado algunas posiciones pero eso es parte de la lucha sin tregua y será la unidad de los venezolanos con su partido que podrán vencer en esa lucha sin cuartel, desde esta tribuna alentamos al pueblo venezolano a continuar con su lucha y apoyar con firmeza a Nicolás Maduro y a todos los dirigentes del proceso bolivariano. Cuba y Venezuela son los atalayas de América Latina que con línea de Chávez llegaran al socialismo.

En Ecuador Rafael Correa hace lo suyo con los ecuatorianos por sacar al país del atraso y aunque la reacción se intensifica, la unidad del partido y el pueblo pueden vencer a la reacción y crear en ese país mejores condiciones de vida que es precisamente lo que se necesita.

De igual manera, Evo Morales en Bolivia ha hecho cambios importantes apoyados por una población indígena mayoritaria. El ejemplo de Bolivia nos demuestra que los grupos étnicos tienen capacidad de dirigir un país por la senda del progreso.

Es obvio que la contra revolución agudiza sus ataques y que lo importante es saberse mantener.

En Nicaragua la revolución sandinista continúa aunque ha tenido sus retrocesos propios de la lucha de liberación.

Las posiciones anti imperialistas en el continente avanzan a pesar del ataque y vigencia del imperialismo del norte.

La oposición imperialista cada vez más adopta distintas y nuevas formas de detener los procesos revolucionarios aprovechando los adelantos tecnológicos la cibernética, celulares y computadoras que perturban la conciencia de las personas.

Pero la unidad, la organización y la necesidad de vivir en condiciones mejores de vida se opondrían a los designios de los enemigos como la oposición en Venezuela.

Las revoluciones la hacen los pueblos cuando las condiciones objetivas y subjetivas crean la situación revolucionaria.

A pesar de la caída del socialismo real la lucha continua y en A.L. tenemos a Cuba, Nicaragua, Venezuela, Ecuador, Bolivia, Chile, Brasil que emprenden la lucha en pos del socialismo llámese como se llame.

La lucha contra el imperialismo no se detiene aunque surjan retrocesos. Tarde o temprano los pueblos encontraran las formas apropiadas para hacer la revolución y acabar con la opresión y la injusticia.

A MANERA DE CONCLUSIÓN

De lo expuesto en mi libro El Socialismo Real y con lo que ocurre actualmente en América Latina podemos plantear los siguientes conclusiones.

1. La lucha de los pueblos de América Latina contra el imperialismo no se detiene aunque tropiece con dificultades.
2. Para triunfar se debe contar con la unidad de la clase obrera y campesina alrededor de un partido de vanguardia.
3. Las condiciones objetivas de la situación revolucionaria ya existen en la mayoría de países, lo que falta son las condiciones subjetivas o sea la conciencia revolucionaria y la organización del pueblo.
4. Las revoluciones ocurren más rápido en los países del capitalismo con débil desarrollo.
5. En los países desarrollados la revolución es mas tardada por la falta de unidad del pueblo y porque no existe el partido de vanguardia con la suficiente fuerza, además de que la conciencia revolucionaria es muy débil por el alto nivel de vida.

6. Requisito indispensable de todo proceso revolucionario es la existencia de un partido revolucionario.

7. La veracidad teórica del socialismo no ha fallado, quienes fallaron fueron los que las pusieron en práctica.

8. Derrotado el socialismo soviético surgirán nuevas formas del socialismo sin perder su concepción teórica.

9. La solidaridad militante y revolucionaria es necesaria ahora para con los procesos de Venezuela, Ecuador, Bolivia, Nicaragua, Brasil, Chile y otros pueblos hermanos.

10. Sin teoría revolucionaria no hay movimiento revolucionario.

11. Aprender de los errores cometidos en la URSS y no cometerlos es la lección.

12. El libro El Socialismo Real expone todos estos criterios y los invito a que lo lean. Gracias.

CONCLUSIONES

Del desarrollo del libro: "El Socialismo Real", se pueden extraer las siguientes conclusiones:

1) El socialismo como formación económica social no es una utopía sino una realidad tangible en el mundo, pues muchos procesos revolucionarios se coronaron con la victoria en la ex URSS, democracias populares, china, Vietnam, cuba, Corea del Norte. A pesar de haberse derrumbado este socialismo, no significa que no pueda resurgir, y mucho menos, que la teoría no pueda aplicarse en la realidad práctica. Desde luego, que los errores cometidos por los humanos en la dirección política y económica fue la causa fundamental para que estos regímenes sociales volvieran al pasado del capitalismo.

2) Desde ningún punto de vista se puede negar la justeza de la teoría marxista leninista, pues obedece a leyes objetivas del desarrollo de la naturaleza, sociedad y el pensamiento. Fracasó momentáneamente el sistema social, pero no la vitalidad y fortaleza de la doctrina comunista.

El sistema fracasó no por errores o fallas de la teoría, sino por la aplicación incorrecta de las direcciones de los partidos de los procesos revolucionarios en cada lugar. Tampoco es correcta, ni cierta, la tesis que esbozan los adversarios, de que la teoría del socialismo es obsoleta. Por el contrario, sigue teniendo actualidad y vigencia y en cualquier momento de la actualidad puede tener su restauración.

3) Las concepciones actuales de un socialismo democrático o de un socialismo del siglo XXI no tienen nada que ver con la teoría creada por Marx y Engels y desarrollada por Lenin.

Lo que hoy se quiere presentar bajo el nombre eufemístico de democrático o del siglo XXI, no significa socialismo, sino que son realidades que pertenecen a la revolución democrática o antimperialista, como es el caso de Venezuela con las concepciones de Simón Bolívar adaptadas a la época actual.

La concepción de Hugo Chávez de la revolución bolivariana resumida en los 5 polos es el antimperialismo señalado por la teoría marxista leninista.

Esto significa, que en las nuevas condiciones se puede aplicar la revolución democrática y antimperialista como una primera etapa para construir el socialismo.

4) Para realizar una revolución socialista es necesario la organización de obreros y campesinos a través de un partido político de vanguardia, con una teoría revolucionaria que esté dispuesto a liquidar la propiedad privada e instaure en su lugar, la propiedad social.

5) Una vez tomado el poder, surge el problema de sostenerse en él. Para ello hay que tomar las medidas que lleven a la creación de todas las instituciones que sirvan para defender y proteger las conquistas de la revolución. Desde el inicio, es necesario crear

un ejército, policía y cuerpos de inteligencia para contrarrestar los ataques de la contrarrevolución interna y externa. Esto es así, porque el enemigo de clase no descansa en su propósito de echar abajo las conquistas revolucionarias.

6) Mantener y fortalecer la unidad del pueblo internamente, e internacionalmente, hacer todo lo posible porque el campo socialista marche, en su desarrollo graníticamente unido, sin permitir escisiones por cuestiones teóricas o de aplicación práctica, por ello debilita la fuerza y poderío del sistema en su lucha contra el imperialismo.

7) Aplicar una política internacional basada en la autodeterminación de los pueblos, en el respeto mutuo y en la inviolabilidad de la soberanía nacional de cada país. Para ello, la mejor manera es practicar los principios de la coexistencia pacífica que demostró, en la práctica, su eficacia.

8) No permitir en ninguno de los dirigentes, la práctica nociva del culto a la personalidad, que liquida la democracia, el centralismo democrático, la crítica y autocrítica y cierra todas las posibilidades del desarrollo. Esto solo puede lograrse con una selección correcta y efectiva de los cuadros dirigentes del partido y el Estado.

9) Abrir puertas que detienen la práctica democrática de las libertades ciudadanas, para que se desarrollen todas las posibilidades del ser humano sin restricciones de ninguna clase.

10) No olvidar nunca la aplicación práctica del internacionalismo proletario y la solidaridad con todos los pueblos del mundo, en su lucha permanente por cambiar positivamente toda sociedad.

BIBLIOGRAFÍA

- La Revolución Científica y la Política Mundial. Caryl P. Haskins.
- Los Desafíos de la Ciencia Política en el Siglo XXI. Thalia Fung y Juan de Dios Pineda.
- Los Partidos Minoritarios en Honduras. Edgardo Rodríguez.
- Ética para Jóvenes. Longino Becerra.
- Diccionario Marxista de Filosofía. Muchos autores rusos. Ediciones de Cultura Popular.
- Un Nuevo Proyecto Latinoamericano. Entrevista de Heinz Dieterich a Hugo Chávez.
- Breve Diccionario de Filosofía Marxista. Roger Bartra.
- Perfeccionamiento de las Relaciones Económicas entre los Países Miembros del CAME. N. Bautina. Editorial Progreso.
- ¿Qué Hacer? V.I. Lenin.
- La Enfermedad Infantil del Izquierdismo en el Comunismo. V.I. Lenin.
- Acerca de la Religión. V.I. Lenin.
- Tareas de la Socialdemocracia en la Revolución Democrática. V.I: Lenin.
- El Imperialismo fase superior del capitalismo. V.I. Lenin.

- La Catástrofe que nos amenaza y como combatirla. V.I. Lenin.
- Materialismo y empirocriticismo. V.I. Lenin.
- Manifiesto comunista. Carlos Marx.
- El Capital. Carlos Marx.
- Crítica al Programa de Ghota. Carlos Marx.
- Diez y ocho Brumario de Luis Bonaparte. Carlos Marx.
- Acerca del Comunismo. Federico Engels.
- La tesis de Feuerbach. Carlos Marx.
- Hegel y el fin de la Filosofía Clásica Alemana.
- El Materialismo Histórico. V. Konstantinov.
- Manual de Marxismo Leninismo. Otto V. Kusinen
- Historia de la Filosofía. (7 tomos, Ryndina.
- El Problema Nacional. José Stalin.
- Problemas de la Revolución Continental. Rodney Arismendi.
- Los Militares Patriotas y la Revolución Hondureña. Longino Becerra.
- Guerra de Guerrillas. Regis Debré.
- Diez Días que estremecieron al mundo. John Reed.
- La Perestroika. M. Gorbachov.
- Documentos del XXII. Congreso del PCUS.
- Documentos del XXIV Congreso del PCUS.
- Una chispa puede encender la pradera. Mao Tse Tung.
- Acerca de la Contradicción. Mao Tze Tung.
- La Revolución Cultural. Mao Tze Tung.
- Cartas sin Dirección. V. Plejanov.
- Acerca del Arte. V. Plejanov.